全 世 界 无 产 者 ， 联 合 起 来 ！

纪念马克思诞辰**200**周年

马克思恩格斯著作特辑

马 克 思

路易·波拿巴的
雾月十八日

中共中央 马克思 恩格斯 著作编译局编译
列 宁 斯大林

人民出版社

编 辑 说 明

2018年5月5日,是马克思诞辰200周年。在人类历史上,马克思是对世界现代文明进程影响最深远的思想家和革命家。他和恩格斯共同创立的科学理论体系,是人类数千年来优秀文化的结晶,是工人阶级及其政党的行动指南,是中国人民为实现中华民族伟大复兴而团结奋斗的思想基础。为了缅怀和纪念这位伟大的革命导师,推进新时代马克思主义中国化、时代化、大众化事业,我们精选了马克思和恩格斯在各个时期写的具有代表性的重要著作,编成《马克思恩格斯著作特辑》,奉献给广大读者,以适应新形势下学习和研究马克思主义理论的需要。

《马克思恩格斯著作特辑》的编辑宗旨是面向实践、贴近读者,坚持"要精、要管用"的原则,既涵盖马克思主义哲学、政治经济学和科学社会主义的理论体系,又体现马克思和恩格斯创立和发展科学理论的历史进程;既突出他们对国际共产主义运动和民族解放运动的正确指导和有力支持,又反映他们对中华民族发展前途的深情关注和殷切期望。

《马克思恩格斯著作特辑》包含《共产党宣言》和《资本论》等14部著作的单行本或节选本,此外还有一部专题选编本《马克思恩格斯论中国》。所有文献均采用马克思恩格斯著作最新版本的译文,以确保经典著作译文的统一性和准确性。自1995年起,由我局编译的《马克思恩格斯全集》中文第二版陆续问世,迄今已出版29卷;从2004年起,我们又先后编译并出版了《马克思恩格斯文集》十卷本和《马克思恩格斯选集》第三版。《马克思恩格斯著作特辑》收录的文献采用了上述最新版本的译文;对未收入上述版本的马克思恩格斯著作的译文,我们按照最新版本的编译标准进行了审核和校订。

《马克思恩格斯著作特辑》采用统一的编辑体例。我们将马克思、恩格斯在不同时期为一部著作撰写的序言或导言编排在这部著作正文前面,以利于读者认识经典作家的研究目的、写作缘起、论述思路和理论见解。我们还为一些重点著作增设了附录,收入对领会和研究经典著作正文有重要参考价值的文献和史料。我们为每一本书都撰写了《编者引言》,简要地综述相关著作的时代背景、思想精髓和历史地位,帮助读者理解原著、把握要义;同时概括地介绍相关著作写作和流传情况以及中文译本的编译出版情况,供读者参考。每一本书正文后面均附有注释和人名索引,以便于读者查考和检索。

《马克思恩格斯著作特辑》的技术规格沿用《马克思恩格斯全集》中文第二版的相关规定:在目录和正文中,凡标有星花＊的标题都是编者加的;引文中尖括号〈　〉内的文字和标点符号是马克思、恩格斯加的,引文中加圈点处是马克思、恩格斯加着重号的地方；目录和正文中方括号［　］内的文字是编者加的；未注明"编者注"的脚注是马克思、恩格斯的原注；人名索引的条目按汉语拼音字母顺序排列。

自 2014 年以来，由我局编译的《马列主义经典作家文库》陆续问世。这部《马克思恩格斯著作特辑》所收的文献，均已编入《文库》，特此说明。

中共中央马克思　恩格斯著作编译局
　　　　列　宁　斯大林

2018 年 2 月

目 录

插　　图

编　者　引　言

《路易·波拿巴的雾月十八日》是马克思运用唯物史观评述1851年12月2日路易·波拿巴政变、总结法国1848年革命经验的重要著作。

1848—1849年，欧洲爆发了资产阶级民主革命。这场革命在意大利揭开序幕，此后相继席卷欧洲各地。1848年2月，法国巴黎人民举行武装起义，推翻了代表金融贵族和大资产阶级利益的"七月王朝"，建立了资产阶级共和国。在起义过程中，无产阶级发挥了重要作用，小资产阶级也参与了这场斗争，但革命果实却落到资产阶级手中。资产阶级共和派实行一系列敌视无产阶级的措施，迫使巴黎工人发动六月起义，起义遭到残酷镇压。在资产阶级各派别的权力斗争当中，1848年12月10日，路易·波拿巴当选为法兰西第二共和国总统。他联合大资产阶级的"秩序党"打击资产阶级共和派，又利用"秩序党"内部的分裂击败了"秩序党"。在秘密组织"十二月十日会"的帮助下，1851年12月2日，路易·波拿巴发动政变,解散议会,独揽大权。次年 12 月 2 日,路易·波拿巴废除共和,复辟帝制,号称拿破仑第三,建立法兰西第二帝国。

为了阐明无产阶级革命斗争的理论和策略,马克思十分重视考察和研究法国历史,同时密切关注和深入分析法国社会政治局势的发展变化。1849 年底至 1850 年,马克思撰写了《1848 年至 1850 年的法兰西阶级斗争》(见《马克思恩格斯选集》第 3 版第 1 卷)这部重要著作,运用唯物史观分析了当时法国发生的重大事件,对无产阶级革命的理论思想和策略原则作了深刻论述,并第一次使用了"无产阶级专政"的概念。1851 年 12 月 2 日的政变,促使马克思再次拿起笔来,围绕这一事件进一步深入阐述无产阶级革命理论的一系列重大问题,并于次年 3 月完成了这部著作。

马克思把这部著作定名为《路易·波拿巴的雾月十八日》,这个标题显然含有讽刺意味。法国大革命后的共和八年雾月十八日,即 1799 年 11 月 9 日,拿破仑·波拿巴发动政变,实行军事独裁,后改行帝制。他的侄子路易·波拿巴发动政变完全是步他的后尘。马克思在撰写这部著作的过程中,经常同恩格斯交换看法。早在路易·波拿巴发动政变的第二天,恩格斯就给马克思写信,对这一事件的过程和性质进行了初步分析,指出这次政变"演出了雾月十八日的可笑的模仿剧"(见《马克思恩格斯文集》第 10 卷第 97 页)。马克思在撰写这部著作时吸收并发挥了恩格斯信中的一些重要思想。1851 年 12 月至 1852 年 1 月,恩格斯在伦敦逗留期间进一步同马克思深入讨论了上述问题,正是在此期间,马克思完成了这部著作的第一章。1852 年 2—4 月恩格斯在英国宪章派左翼机关刊物《寄语人民》上发表的题为《去年十二月法国无产者相对消极的真正原因》的一组文章(见《马克思恩格斯全集》中文第2版第11卷),就是他和马克思围绕波拿巴政变共同进行理论探讨的产物。与此同时,马克思在研究和写作的过程中还利用了寄自巴黎等地的各种信件,广泛搜集和查阅了英法两国的相关文献、报刊和官方资料。

在这部著作中,马克思运用唯物史观阐述了当时法国的社会结构和阶级斗争状况,评述了路易·波拿巴政变的原因、过程和结局,并通过对历史事件的生动描述和精辟分析,揭示了历史运动的规律,阐述了评价历史事件和历史人物的科学方法,指出:"人们自己创造自己的历史,但是他们并不是随心所欲地创造,并不是在他们自己选定的条件下创造,而是在直接碰到的、既定的、从过去承继下来的条件下创造。"(见本书第9页)他还指出,不同的所有制形式和社会生存条件产生不同的社会意识。"在不同的财产形式上,在社会生存条件上,耸立着由各种不同的,表现独特的情感、幻想、思想方式和人生观构成的整个上层建筑。整个阶级在其物质条件和相应的社会关系的基础上创造和构成这一切。"(见本书第37—38页)

马克思透彻地分析了资产阶级国家的本质,阐明了马克思主义国家学说,提出了无产阶级革命必须摧毁旧的国家机器的思想。他指出:"资产阶级共和国在这里是表示一个阶级对其他阶级实行无限制的专制统治。"(见本书第17页)历次资产阶级革命都没有动摇在专制君主时代形成的军事官僚机器,反而把它当做主要的战利品。"一切变革都是使这个机器更加完备,而不是把它摧毁。"(见本书第108页)而无产阶级革命则必须"集中自己的一切破坏力量"（见本书第 107 页）来摧毁旧的国家机器。马克思在 1871 年 4 月 12 日给路·库格曼的信中更明确地重申了这一思想："如果你查阅一下我的《雾月十八日》的最后一章，你就会看到，我认为法国革命的下一次尝试不应该再像以前那样把官僚军事机器从一些人的手里转到另一些人的手里，而应该把它打碎，这正是大陆上任何一次真正的人民革命的先决条件。"（见《马克思恩格斯选集》第 3 版第 4 卷第 493 页）

马克思在这部著作中还阐述了工农联盟的思想，指出：随着农民认识到自身利益与资产阶级利益的对立，他们"就把负有推翻资产阶级制度使命的城市无产阶级看做自己的天然同盟者和领导者"（见本书第 114 页），而无产阶级革命有了农民的支持，"就会形成一种合唱，若没有这种合唱，它在一切农民国度中的独唱是不免要变成孤鸿哀鸣的"（见本书第 116 页）。

马克思高度评价了巴黎无产阶级六月起义的深远影响，认为这是一场"世界历史性的伟大斗争"（见本书第 17 页）；同时他还从两个方面深刻地分析了六月起义失败的原因：一方面，无产阶级的力量过于弱小，"站在资产阶级共和国方面的有金融贵族、工业资产阶级、中间等级、小资产者、军队、组成别动队的流氓无产阶级、知识分子、牧师和农村居民。而站在巴黎无产阶级方面的却只有它自己。"（见本书第 16 页）"在六月的日子里，一切阶级和党派都团结成一个维护秩序的党来反对无产阶级"（见本书第 18 页），敌我力量的悬殊，使无产阶级的斗争在客观上很难避免失败的命运；另一方面，无产阶级自身没有科学理论的指导，他们中的一部分人热衷于进行各种带有空想性质的社会改良试验，他们"醉心于这样一种运动，即不去利用旧世界自身所具有的一切强大手段来推翻旧世界,却企图躲在社会背后,用私人的办法,在自身的有限的生存条件的范围内实现自身的解救,因此必然是要失败的。"(见本书第17页)在斗争策略方面,无产阶级也缺少清醒的认识,没有团结一切可以团结的力量同主要敌人进行斗争,"当巴黎无产阶级还陶醉于为它开辟的伟大前景并且认真地埋头讨论各种社会问题时,旧的社会力量却在集结、联合、醒悟,并获得了国内群众的意外支持"(见本书第15页),这就使无产阶级的斗争陷入孤立无援的境地。马克思对巴黎无产阶级六月起义的失败原因所作的这些精辟分析,生动地说明了无产阶级要夺取革命斗争的胜利,就一刻也不能离开科学社会主义的理论思想和策略原则的指导。对于欧洲和世界无产阶级革命政党来说,这是一条必须永远铭记的历史经验。

这部著作原来准备在共产主义者同盟盟员约·魏德迈在美国创办的德文周刊《革命》上连载。最初计划写三篇,但在撰写过程中不断扩充,最后共写了七篇,于1852年3月25日前完稿。《革命》周刊只在1852年1月出了两期,就因经济困难而停刊。马克思的文章因为寄达时间太迟,未能在这两期杂志上发表。在马克思的建议下,1852年5月,魏德迈以单行本形式将这部著作作为不定期刊物《革命》的第一期出版。然而,他在扉页和自己写的前言中误将标题写成了《路易-拿破仑的雾月十八日》。

1869年,这部著作由出版商奥·迈斯纳在德国汉堡再版。再版前,马克思重新审定了原文,改正了大量的印刷错误,删去了重复的语句,节略了某些段落,把书名更正为《路易·波拿巴的雾月十八日》,并亲自撰写了第二版序言。马克思在序言中批判了维·雨果和皮·约·蒲鲁东在论述路易·波拿巴政变的著作中的唯心史观,强调对这一事件和人物的分析必须联系现代阶级斗争的物质经济条件,指出他的这部著作旨在证明:"法国阶级斗争怎样造成了一种局势和条件,使得一个平庸而可笑的人物有可能扮演了英雄的角色。"(见本书第4页)收入本书的中译文就是根据1869年版译出的,马克思对1852年版所作的重要改动,均在脚注中作了说明。

马克思逝世后,这部著作于1885年6月在汉堡出版了第三版。这个版本由恩格斯负责编辑,他对第二版作了少量修辞上的改动,并为第三版写了序言,对这部著作的重要理论价值和实践意义作了科学的评价,同时对马克思发现的历史规律作了经典的表述。恩格斯指出:"正是马克思最先发现了重大的历史运动规律。根据这个规律,一切历史上的斗争,无论是在政治、宗教、哲学的领域中进行的,还是在其他意识形态领域中进行的,实际上只是或多或少明显地表现了各社会阶级的斗争,而这些阶级的存在以及它们之间的冲突,又为它们的经济状况的发展程度、它们的生产的性质和方式以及由生产所决定的交换的性质和方式所制约。这个规律对于历史,同能量转化定律对于自然科学具有同样的意义。"(见本书第7页)恩格斯认为,马克思这部著作"是一部天才的著作"(见本书第6页),"在这部著作中,他用这段历史检验了他的这个规律"(见本书第7页),"他对活生生的时事有这样卓越的理解,他在事变刚刚发生时就对事变有这样透彻的洞察,的确是无与伦比。"(见本书第6页)恩格斯常把马克思的这部著作视为运用唯物史观分析历史事件的"光辉范例"(参看《马克思恩格斯选集》第3版第4卷第651页)。

在恩格斯生前,这部著作出版了三个译本。1891年1月7日至 11 月 12 日,法文版分 32 节在法国工人党机关报《社会主义者报》上连载。同年还在法国里尔出版了单行本。另外,1889 年出版了波兰文版,1894 年出版了俄文版。这部著作后来又被译成多国文字出版,时至今日,仍然具有强大的生命力。

马克思主义传入中国之后,作为马克思的经典著作之一,《路易·波拿巴的雾月十八日》很早就出现了中文译本。1930 年,上海江南书店出版了这部著作的第一个中文译本,译者是陈仲涛,书名译为《拿破仑第三政变记》。1940 年延安解放社又出版了柯柏年翻译、吴黎平校订的《拿破仑第三政变记》,这个版本在新中国成立前后曾多次重印。

中央编译局成立以后,我们对《路易·波拿巴的雾月十八日》中文译本作了多次修订:

1961 年,我们在莫斯科外国文书籍出版局出版的《马克思恩格斯文选》两卷集中文版译文的基础上,根据俄文版并参照德文原著校订了这部著作,标题根据原著译为《路易·波拿巴的雾月十八日》,编入《马克思恩格斯全集》中文第一版第 8 卷。接着又于 1962 年出版了包括两篇序言在内的单行本。1972 年,这部著作编入《马克思恩格斯选集》第一版第 1 卷。

1995 年,我们根据《马克思恩格斯全集》历史考证版第 1 部分第 11 卷,并参考《马克思恩格斯全集》德文版第 8 卷,重新校订了这部著作,编入《马克思恩格斯全集》中文第二版第 11 卷和《马克思恩格斯选集》第二版第 1 卷。2001 年,这部著作收入《马克思列宁主义文库》作为单行本出版。

从 2004 年起,在中央组织实施的马克思主义理论研究和建设工程中,我们对这部著作的译文再次进行了审核和校订,编入

2009 年出版的十卷本《马克思恩格斯文集》第 2 卷，此后又编入
2012 年出版的《马克思恩格斯选集》第三版第 1 卷。

　　本书的正文和资料选自《马克思恩格斯选集》第三版第 1 卷，
资料部分根据《马克思恩格斯全集》历史考证版作了修订。

卡·马克思

路易·波拿巴的雾月十八日

1869 年第二版序言

我的早逝的朋友**约瑟夫·魏德迈**①曾打算从 1852 年 1 月 1 日起在纽约出版一个政治周刊。他曾请求我给这个刊物写政变**1**的历史。因此,我直到 2 月中旬为止每周都在为他撰写题为《路易·波拿巴的雾月十八日》的论文。这时,魏德迈原来的计划遭到了失败。作为变通办法,他在 1852 年春季开始出版名为《革命》**2**的月刊,月刊第一期的内容就是我的《雾月十八日》。那时这一刊物已有数百份输送到德国,不过没有在真正的书籍市场上出售过。当我向一个行为极端激进的德国书商建议销售这种刊物时,他带着真正的道义上的恐惧拒绝了这种"不合时宜的要求"。

从上述事实中就可以看出,本书是在形势的直接逼迫下写成的,而且其中的历史材料只截止到(1852 年)2 月。现在把它再版发行,一方面是由于书籍市场上的需求,另一方面是由于我那些在德国的朋友们的催促。

在与我这部著作差不多**同时**出现的、论述同一问题的著作中,值得注意的只有两部:**维克多·雨果的《小拿破仑》**②和蒲鲁东的

---

① 马克思在这里加了一个注:"约·魏德迈在美国内战时期担任过圣路易斯区的军事指挥官。"——编者注

② 维·雨果《小拿破仑》1852 年伦敦版。——编者注

《政变》①。

维克多·雨果只是对政变的主要发动者作了一些尖刻的和机智的痛骂。事变本身在他笔下被描绘成了一个晴天霹雳。他认为这个事变只是某一个人的暴力行为。他没有觉察到,当他说这个人表现了世界历史上空前强大的个人主动性时,他就不是把这个人写成小人物而是写成巨人了。蒲鲁东呢,他想把政变描述成以往历史发展的结果。但是,在他那里关于政变的历史构想不知不觉地变成了对政变主角所作的历史辩护。这样,他就陷入了我们的那些所谓**客观**历史编纂学家所犯的错误。相反,我则是证明,法**国阶级斗争**怎样造成了一种局势和条件,使得一个平庸而可笑的人物有可能扮演了英雄的角色。

现在如果对本书加以修改,就会使它失掉自己的特色。因此,我只限于改正印错的字,并去掉那些现在已经不再能理解的暗示。

我这部著作的结束语:"但是,如果皇袍终于落在路易·波拿巴身上,那么拿破仑的铜像就将从旺多姆圆柱^{3}顶上倒塌下来。"——这句话已经实现了。

沙尔腊斯上校在他论述1815年会战的著作②中,开始攻击对拿破仑的崇拜。从那时起,特别是在最近几年中,法国的出版物借助历史研究、批评、讽刺和诙谐等等武器彻底破除了关于拿破仑的奇谈。在法国境外,这种与传统的民众信仰的断然决裂,这个非同寻常的精神革命,很少有人注意,更不为人所理解。

---

① 皮·约·蒲鲁东《从十二月二日政变看社会革命》1852年巴黎版。——编者注

② 让·巴·沙尔腊斯《1815年滑铁卢会战史》1857年布鲁塞尔版。——编者注

最后,我希望,我这部著作对于清除那种特别是现今在德国流行的所谓**凯撒主义**的书生用语,将会有所帮助。在作这种肤浅的历史对比时,人们忘记了主要的一点,即在古罗马,阶级斗争只是在享有特权的少数人内部进行,只是在富有的自由民与贫穷的自由民之间进行,而从事生产的广大民众,即奴隶,则不过为这些斗士充当消极的舞台台柱。人们忘记了**西斯蒙第**所说的一句名言:罗马的无产阶级依靠社会过活,现代社会则依靠无产阶级过活。①由于古代阶级斗争同现代阶级斗争在物质经济条件方面存在这样的根本区别,由这种斗争所产生的政治怪物之间的共同点也就不可能比坎特伯雷大主教与最高祭司撒母耳之间的共同点更多。

卡尔·马克思

1869 年 6 月 23 日于伦敦

卡·马克思写于 1869 年 6 月 23 日

载于 1869 年 7 月在汉堡出版的《路易·波拿巴的雾月十八日》第 2 版

原文是德文

选自《马克思恩格斯选集》第 3 版第 1 卷第 663—665 页

---

① 参看德·西斯蒙第《政治经济学概论》1837 年巴黎版第 1 卷第 35 页。——编者注

恩格斯写的 1885 年第三版序言

　　《雾月十八日》在初版问世 33 年后还需要印行新版,证明这部著作就是在今天也还丝毫没有失去自己的价值。

　　的确,这是一部天才的著作。当时事变像晴天霹雳一样震惊了整个政治界,有的人出于道义的愤怒大声诅咒它,有的人把它看做是脱离革命险境的办法和对于革命误入迷途的惩罚,但是所有的人对它都只是感到惊异,而没有一个人理解它;紧接着这一事变之后,马克思立即写出一篇简练的讽刺作品,叙述了二月事变[4]以来法国历史的全部进程的内在联系,揭示了 12 月 2 日的奇迹[1]就是这种联系的自然和必然的结果,而他在这样做的时候对政变的主角除了给予其应得的蔑视以外,根本不需要采取别的态度。这幅图画描绘得如此高明,以致后来每一次新的揭露,都只是提供出新的证据,证明这幅图画是多么忠实地反映了实际。他对活生生的时事有这样卓越的理解,他在事变刚刚发生时就对事变有这样透彻的洞察,的确是无与伦比。

　　但是要做到这一点,就需要像马克思那样深知法国历史。法国是这样一个国家,在那里历史上的阶级斗争,比起其他各国来每一次都达到更加彻底的结局;因而阶级斗争借以进行、阶级斗争的结果借以表现出来的变换不已的政治形式,在那里也表现得最为鲜明。法国在中世纪是封建制度的中心,从文艺复兴时代起是统一的等级君主制的典型国家,它在大革命中粉碎了封建制度,建立了纯粹的资产阶级统治,这种统治所具有的典型性是欧洲任何其他国家所没有的。而正在上升的无产阶级反对占统治地位的资产阶级的斗争,在这里也以其他各国所没有的尖锐形式表现出来。正因为如此,马克思不仅特别热衷于研究法国过去的历史,而且还考察了法国时事的一切细节,搜集材料以备将来使用。因此,各种事变从未使他感到意外。

此外还有另一个情况。正是马克思最先发现了重大的历史运动规律。根据这个规律,一切历史上的斗争,无论是在政治、宗教、哲学的领域中进行的,还是在其他意识形态领域中进行的,实际上只是或多或少明显地表现了各社会阶级的斗争,而这些阶级的存在以及它们之间的冲突,又为它们的经济状况的发展程度、它们的生产的性质和方式以及由生产所决定的交换的性质和方式所制约。这个规律对于历史,同能量转化定律对于自然科学具有同样的意义。这个规律在这里也是马克思用以理解法兰西第二共和国历史的钥匙。在这部著作中,他用这段历史检验了他的这个规律;即使已经过了 33 年,我们还是必须承认,这个检验获得了辉煌的成果。

弗·恩·

弗·恩格斯写于 1885 年 2 月中以前

载于 1885 年在汉堡出版的《路易·波拿巴的雾月十八日》第 3 版

原文是德文

选自《马克思恩格斯选集》第 3 版第 1 卷第 666—667 页

路易·波拿巴的雾月十八日

一

黑格尔在某个地方说过,一切伟大的世界历史事变和人物,可以说都出现两次。⁵他忘记补充一点:第一次是作为悲剧出现,第二次是作为笑剧出现。科西迪耶尔代替丹东,路易·勃朗代替罗伯斯比尔,1848—1851 年的山岳党代替 1793—1795 年的山岳党⁶,侄子代替伯父。在使雾月十八日事变得以再版的种种情况中,也可以看出一幅同样的漫画!①

---

① 在 1852 年版中这一段是这样写的:"黑格尔在某个地方说过,一切伟大的世界历史事变和人物,可以说都出现两次。他忘记补充一点:第一次是作为伟大的悲剧出现,第二次是作为卑劣的笑剧出现。科西迪耶尔代替丹东,路易·勃朗代替罗伯斯比尔,1848—1851 年的山岳党代替 1793—1795 年的山岳党,伦敦的特别警察和十来个负债累累的尉官代替小军士及其一桌元帅⁷!白痴的雾月十八日代替天才的雾月十八日!在使雾月十八日事变得以再版的种种情况中,也可以看出一幅同样的漫画。第一次是法国站在破产的边缘,这一次是波拿巴自己站在债务监狱的边缘;当初是大国联盟站在边境,这一次是卢格和达拉什联盟在英国,金克尔和布伦坦诺联盟在美国;当初是爬过一座圣伯

Die Revolution,

Eine Zeitschrift in zwanglosen Heften.

Herausgegeben von

J. Weydemeyer.

Erstes Heft.

Der 18te Brumaire des Louis Napoleon

von

Karl Marx.

New-York.
Expedition: Deutsche Vereins-Buchhandlung von Schmidt und Helmich.
William-Street Nr. 191.
1852.

最先刊载《路易·波拿巴的雾月十八日》的
《革命。不定期刊物》第 1 期的扉页

人们自己创造自己的历史,但是他们并不是随心所欲地创造,并不是在他们自己选定的条件下创造,而是在直接碰到的、既定的、从过去承继下来的条件下创造。一切已死的先辈们的传统,像梦魇一样纠缠着活人的头脑。当人们好像刚好在忙于改造自己和周围的事物并创造前所未有的事物时,恰好在这种革命危机时代,他们战战兢兢地请出亡灵来为自己效劳,借用它们的名字、战斗口号和衣服,以便穿着这种久受崇敬的服装,用这种借来的语言,演出世界历史的新的一幕。例如,路德换上了使徒保罗[12]的服装,1789—1814 年的革命依次穿上了罗马共和国和罗马帝国的服装,而 1848 年的革命就只知道拙劣地时而模仿 1789 年,时而又模仿 1793—1795 年的革命传统。就像一个刚学会一种新语言的人总是要把它翻译成本国语言一样;只有当他能够不必在心里把新语言翻译成本国语言,能够忘掉本国语言而运用新语言的时候,他才算领会了新语言的精神,才算是运用自如。

在观察世界历史上这些召唤亡灵的行动时,立即就会看出它们之间的显著差别。旧的法国革命时的英雄卡米耶·德穆兰、丹东、罗伯斯比尔、圣茹斯特、拿破仑,同旧的法国革命时的党派和人民群众一样,都穿着罗马的服装,讲着罗马的语言来实现当代的任务,即解除桎梏和建立现代**资产阶级**社会。前几个人打碎了封建制度的基础,割去了长在这个基础上的封建头脑;另一个人在法国内部创造了一些条件,从而才保证有可能发展自由竞争,经营分成

纳德山[8],这一次是派一个中队宪兵越过汝拉山脉[9];当初是不止获得一个马伦戈,这一次是应当得到圣安德烈大十字勋章[10]和丧失柏林《国民报》[11]的尊敬。"——编者注

小块的地产,利用解除了桎梏的国内的工业生产力,而他在法国境外则到处根据需要清除各种封建的形式,为的是要给法国资产阶级社会在欧洲大陆上创造一个符合时代要求的适当环境。但是,新的社会形态一形成,远古的巨人连同复活的罗马古董——所有这些布鲁土斯们、格拉古们、普卜利科拉们、护民官们、元老们以及凯撒本人就都消失不见了。冷静务实的资产阶级社会把萨伊们、库辛们、鲁瓦耶-科拉尔们、本杰明·贡斯当们和基佐们当做自己真正的翻译和代言人;它的真正统帅坐在营业所的办公桌后面,它的政治首领是肥头肥脑的路易十八。资产阶级社会完全埋头于财富的创造与和平竞争,竟忘记了古罗马的幽灵曾经守护过它的摇篮。但是,不管资产阶级社会怎样缺少英雄气概,它的诞生却是需要英雄行为,需要自我牺牲、恐怖、内战和民族间战斗的。在罗马共和国的高度严格的传统中,资产阶级社会的斗士们找到了理想和艺术形式,找到了他们为了不让自己看见自己的斗争的资产阶级狭隘内容、为了要把自己的热情保持在伟大历史悲剧的高度上所必需的自我欺骗。例如,在 100 年前,在另一个发展阶段上,克伦威尔和英国人民为了他们的资产阶级革命,就借用过旧约全书中的语言、热情和幻想。当真正的目的已经达到,当英国社会的资产阶级改造已经实现时,洛克就排挤了哈巴谷[13]。

由此可见,在这些革命中,使死人复生是为了赞美新的斗争,而不是为了拙劣地模仿旧的斗争;是为了在想象中夸大某一任务,而不是为了回避在现实中解决这个任务;是为了再度找到革命的精神,而不是为了让革命的幽灵重行游荡。

在 1848——1851 年间,只有旧革命的幽灵在游荡,从改穿了老巴伊的服装的戴黄手套的共和党人马拉斯特,到用拿破仑的死人铁面具把自己的鄙陋可厌的面貌掩盖起来的冒险家①。自以为借助革命加速了自己的前进运动的整个民族，忽然发现自己被拖回到一个早已死亡的时代；而为了不致对倒退产生错觉，于是就使那些早已成为古董的旧的日期、旧的纪年、旧的名称、旧的敕令以及好像早已腐朽的旧宪兵复活起来。一个民族的感觉，就好像贝德勒姆②那里的一个癫狂的英国人的感觉一样，他设想自己生活在古代法老的时代，每天悲痛地埋怨繁重的劳役，因为他要在地下监狱般的埃塞俄比亚矿场挖掘金矿，头顶一盏暗淡的油灯，背后站着手持长鞭的奴隶监工，洞口站着一群乱哄哄的野蛮士兵，他们既不了解矿山苦役犯，相互之间也不了解，因为大家讲着不同的语言。疯癫的英国人叹道："我这个生来自由的不列颠人被迫忍受这一切，为的是要替古代法老找金子。"法兰西民族则叹道："为的是要替波拿巴家族还债。"这个英国人在头脑清醒的时候总不能撇开找金子这种固定观念。而法国人在从事革命的时候总不能摆脱对拿破仑的追念，12月10日的选举**14**就证明了这一点。由于害怕革命的危险，他们曾怀念埃及的肉锅**15**，1851年十二月二日事件便是对于这一点的回答。他们所得到的不只是一幅老拿破仑的漫画，他们得到的是漫画化的老拿破仑本身，是在19世纪中叶所应当出现的老拿破仑。

19世纪的社会革命不能从过去，而只能从未来汲取自己的诗情。它在破除一切对过去的迷信以前，是不能开始实现自己的任务的。从前的革命需要回忆过去的世界历史事件，为的是向自己

---

① 路易·波拿巴。——编者注
② 伦敦的疯人院。——编者注

隐瞒自己的内容。19世纪的革命一定要让死人去埋葬他们的死人①,为的是自己能弄清自己的内容。从前是辞藻胜于内容,现在是内容胜于辞藻。

二月革命**4**对于旧社会是一个突然袭击,是一个**意外事件**,而人民则把这个突然的**打击**宣布为具有世界历史意义的壮举,认为它开辟了一个新纪元。12月2日,二月革命被一个狡猾的赌徒的骗术所葬送,结果,被消灭的不再是君主制度本身,而是一个世纪以来的斗争从君主制度方面夺取来的自由主义的让步。结果,不是**社会**本身获得了新的内容,而只是**国家**回到了最古的形态,回到了宝剑和袈裟的极端原始的统治。1851年12月的轻率行为报复了1848年2月的勇敢打击。来得容易去得快。然而这两个事变之间的时间并不是白过了的。在1848—1851年期间,法国社会总算获得了教训和经验,而且是以革命的,因而是速成的方式获得的。这些教训和经验在正常的即所谓按部就班的发展进程中,本来应该在二月革命以前预先获得,如果这次革命不只是一种表面的动荡的话。看起来仿佛社会现在退到它的出发点后面去了,实际上社会首先要为自己创造革命所必需的出发点,创造唯一能使现代革命成为真正的革命的形势、关系和条件。

资产阶级革命,例如18世纪的革命,总是突飞猛进,接连不断地取得胜利;革命的戏剧效果一个胜似一个,人和事物好像是被五彩缤纷的火光所照耀,每天都充满极乐狂欢;然而这种革命为时短暂,很快就达到自己的顶点,而社会在还未学会清醒地领略其疾风暴雨时期的成果之前,长期沉溺于消沉状态。相反,无产阶级革

---

① 参看《新约全书·马太福音》第8章第22节。——编者注

命,例如19世纪的革命,则经常自我批判,往往在前进中停下脚
步,返回到仿佛已经完成的事情上去,以便重新开始把这些事情再
做一遍;它十分无情地嘲笑自己的初次行动的不彻底性、弱点和拙
劣;它把敌人打倒在地,好像只是为了要让敌人从土地里汲取新的
力量并且更加强壮地在它前面挺立起来;它在自己无限宏伟的目
标面前,再三往后退却,直到形成无路可退的局势为止,那时生活
本身会大声喊道:

这里是罗陀斯,就在这里跳跃吧!

这里有玫瑰花,就在这里跳舞吧![16]

　　但是,每个平庸的观察家,即使他没有逐步研究过法国的发展
进程,也不免要预感到,这次革命必将遭受前所未闻的屈辱。只要
听一听民主派先生们当时那种自鸣得意的胜利叫嚣就够了,这些
先生们曾以此互相祝贺,以为1852年5月的第二个星期日[17]一定
会带来良好的结果。1852年5月的第二个星期日在他们头脑中
成了一种固定观念,成了一个教条,正如在锡利亚信徒脑子里基督
再临和千年王国到来的那个日子一样[18]。弱者总是靠相信奇迹求
得解救,以为只要他能在自己的想象中驱除敌人就算打败了敌人;
他总是对自己的未来,对自己打算建树,但现在还言之过早的功绩
信口吹嘘,因而失去对现实的一切感觉。这些英雄是想以彼此表
示同情和结成团伙,来驳倒关于他们显然庸碌无能的意见。他们
收拾起自己的家私,预先拿起自己的桂冠,准备把他们的有名无
实[19]的共和国(这些共和国的政府人员已由他们毫不挑剔地在暗
中确定了)拿到交易所里去贴现。12月2日对他们来说犹如晴天
霹雳。人民在意气消沉的时代总是乐意用大喊大叫来抑制内心的
不安,这一次他们也许已经确信:鹅的叫声能够拯救卡皮托利诺[20]

的那种时代已经过去了。

宪法、国民议会、保皇党[21]、蓝色的和红色的共和党人[22]、非洲的英雄[23]、讲坛的雷鸣声、报刊的闪电、整个著作界、政治声望和学者的名誉、民法和刑法、自由、平等、博爱以及 1852 年 5 月的第二个星期日,所有这一切,都好像一片幻影在一个人的咒文面前消失不见了,而这个人连他的敌人也不认为是一个魔法师。普选权还保持了一刹那,好像仅仅是为了在全世界瞩目下亲笔写下自己的遗嘱,并以人民自己的名义宣布:"一切现存的东西,都一定要死亡。"①

像法国人那样说他们的民族遭受了偷袭,那是不够的。一个民族和一个妇女一样,即使有片刻疏忽而让随便一个冒险者能加以奸污,也是不可宽恕的。这样的言谈并没有揭开这个谜,而只是把它换了一个说法罢了。还应当说明,为什么一个有 3 600 万人的民族竟会被三个衣冠楚楚的骗子偷袭而毫无抵抗地做了俘虏。

现在我们来把法国革命从 1848 年 2 月 24 日到 1851 年 12 月所经过的阶段大致总结一下。

总共有以下三个明显的主要时期:**二月时期**;**共和国建立时期**,或制宪国民议会时期(从 1848 年 5 月 4 日到 1849 年 5 月 28日);**立宪共和国时期**,或立法国民议会时期(从 1849 年 5 月 28 日到 1851 年 12 月 2 日)。

第一个时期,从 1848 年 2 月 24 日到 5 月 4 日,即从路易-菲力浦被推翻起到制宪议会开幕之日止(这是本来意义上的**二月时期**),这个时期可以称为革命的**序幕**。这个时期的性质,正式表现

---

① 歌德《浮士德》第 1 部第 3 场《书斋》。——编者注

于这一时期仓促建立的政府自己宣布自己是**临时性的**。在这个时期所采取、试行和发表的一切,都像政府一样,一概宣布自己只是**临时性的**。无论什么人和什么机构,都不敢承认自己有权长期存在,有权真正有所作为。所有一切准备了或决定了革命的分子——王朝反对派**24**、共和派资产阶级、民主共和派小资产阶级和社会民主派工人,都在二月**政府**中临时取得了位置。

　　情况只能是这样。二月事变原先的目标是选举改革,以求扩大有产阶级内部享有政治特权者的范围和推翻金融贵族独占的统治。但是,当事变已演进到引起实际冲突,当人民已投入街垒战,当国民自卫军采取消极的态度,军队不进行认真抵抗而王室已经逃走的时候,成立共和国似乎就是自然而然的事情了。每个政党都按自己的观点去解释共和国。手持武器夺得了共和国的无产阶级,在共和国上面盖上了自己的印记,并把它宣布为**社会共和国**。这样就表露出了现代革命的总的内容,这个内容和在当时的情况与条件下、在群众已达到的教育水平上用现成材料所能立刻直接实现的一切都是极为矛盾的。另一方面,其余一切曾经促成二月革命的分子,因获得了政府中的绝大多数位置而心满意足了。正因为如此,任何其他时期都没有当时那样错综复杂:浮夸的空话同实际上的犹豫不决和束手无策相混杂,热烈谋求革新的势力同墨守成规的顽固积习相混杂,整个社会表面上的和谐同社会各个成分的严重的彼此背离相混杂。当巴黎无产阶级还陶醉于为它开辟的伟大前景并且认真地埋头讨论各种社会问题时,旧的社会力量却在集结、联合、醒悟,并获得了国内群众的意外支持,即获得了那些在七月王朝**25**这个障碍物被推翻后立刻跃上政治舞台的农民和小资产者的意外支持。

第二个时期，从 1848 年 5 月 4 日到 1849 年 5 月底，是**资产阶级共和国创立、奠定的时期**。紧跟在二月事变之后，不仅王朝反对派被共和派弄得惊慌失措，共和派被社会主义者弄得惊慌失措，而且全法国都被巴黎弄得惊慌失措了。由国民选出而于 1848 年 5 月 4 日开幕的国民议会，是代表国民的。这个议会是对二月事变的奢望所提出的活的抗议，并且要把革命的结果降低到资产阶级的水平。巴黎无产阶级一下子就看出了这个国民议会的性质，所以他们在国民议会开幕后不几天，即在 5 月 15 日，就企图用强力停止其存在，把它解散，将国民中起反动作用的思潮所借以威胁他们的这个机体重新分解为各个构成部分，但是这个企图没有成功。大家知道，五月十五日事变**26**的结果，不过是使布朗基及其同道者，即无产阶级政党的真正领袖们，在我们所考察的整个周期中退出社会舞台罢了。

继路易-菲力浦的**资产阶级君主制**之后，只能有**资产阶级共和国**，就是说，以前是由资产阶级中的一小部分人在国王的招牌下进行统治，今后将由全体资产阶级借人民的名义进行统治。巴黎无产阶级所提出的要求，是必须终止的狂妄空想。对制宪国民议会的这个声明，巴黎无产阶级以**六月起义**27作了回答，这是欧洲各国内战史上最大的一次事变。获得胜利的是资产阶级共和国。站在资产阶级共和国方面的有金融贵族、工业资产阶级、中间等级、小资产者、军队、组成别动队28的流氓无产阶级、知识分子、牧师和农村居民。而站在巴黎无产阶级方面的却只有它自己。资产阶级共和国胜利以后，起义者被屠杀的有 3 000 多人，未经审判就被放逐的有 15 000 人。无产阶级从这次失败后，就退到革命舞台的**后台**去了。每当运动好像又重新开始时，无产阶级就企图再向前推进，可是劲头越来越弱,成效也越来越小。每当无产阶级上面的某个社会阶层进入革命动荡时,无产阶级就跟它缔结同盟,从而分享了各个政党依次遭受到的全部失败。但是,这些相继而来的打击,随着力量分摊到全部社会的整个表面,也越来越弱了。无产阶级在议会和报刊方面的一些比较有影响的领袖,相继被捕判罪,代替他们挂帅的是些愈益模棱两可的人物。无产阶级中有一部分人醉心于**教条的实验**,醉心于**成立交换银行**[29]**和工人团体**,换句话说,醉心于**这样一种运动,即不去利用旧世界自身所具有的一切强大手段来推翻旧世界,却企图躲在社会背后,用私人的办法,在自身的有限的生存条件的范围内实现自身的解救,因此必然是要失败的。**当六月事变中无产阶级与之斗争的**一切阶级**还没有在无产阶级身边倒下的时候,无产阶级大概既不能使本身恢复自己原有的革命的伟大,也不能从重新缔结的联盟中获得新的力量。但是,无产阶级至少是带着进行过世界历史性的伟大斗争的光荣而失败的;不仅法国,而且整个欧洲都被六月的地震所惊动,而各个上层阶级后来的失败的代价却如此便宜,以致得胜的党派只有公然无耻地加以夸张,才可以把这些失败说成是事变。同时,失败的政党离开无产阶级政党越远,这些失败就越是可耻。

六月起义者的失败,固然为资产阶级共和国的奠基和建立准备和扫清了基地,但同时它也表明,欧洲的问题并不是争论"共和国还是君主国"的问题,而是别的问题。它揭示出,**资产阶级共和国**在这里是表示一个阶级对其他阶级实行无限制的专制统治。它表明,在那些阶级构成发达、具备现代生产条件、拥有通过百年来的努力而使一切传统观念都融于其中的精神意识的旧文明国家里,**共和国一般只是资产阶级社会的政治变革形式**,而不是资产阶级社会的**保守的存在形式**,例如,像北美合众国那样,在那里,虽然已有阶级存在,但它们还没有固定下来,它们在不断的运动中不断变换自己的组成部分,并且彼此互换着自己的组成部分;在那里,现代的生产资料不仅不和停滞的人口过剩现象同时发生,反而弥补了头脑和人手方面的相对缺乏;最后,在那里,应该占有新世界的那种狂热而有活力的物质生产运动,没有给予人们时间或机会来结束旧的幽灵世界。

在六月的日子里,一切阶级和党派都团结成一个**维护秩序的党**来反对无产阶级——**无政府主义**、社会主义和共产主义的**党**。它们从"社会之敌"手里"救出了"社会。它们选择了旧社会的格言"**财产、家庭、宗教、秩序**"作为自己的军队的口令,并用"在此标记下你必胜!"[30]这句话激励反革命十字军征讨。从这时起,许多曾经团结在这个旗号下反对过六月起义者的政党中的任何政党只要企图为自己的阶级利益而守住革命战场,它就要被"财产、家庭、宗教、秩序!"这一口号所战胜。每当社会的统治者集团范围缩小时,每当比较狭小的利益压倒比较广大的利益时,社会就得救了。任何最单纯的资产阶级财政改革的要求、任何最平凡的自由主义的要求、任何最表面的共和主义的要求、任何最浅薄的民主主义的要求,都同时被当做"侵害社会的行为"加以惩罚,被当做"社会主义"加以指责。最后,连那些"宗教和秩序"的最高祭司自己也被踢出他们的皮蒂娅的座椅,半夜里被拖下床,关进囚车,投入监狱或流放;他们的神殿被拆毁,他们的嘴被封住,他们的笔被折断,他们的法律被撕毁,这一切都是为了宗教、财产、家庭和秩序。一群群酩酊大醉的士兵对那些站在自己阳台上的资产者即秩序的狂信者开枪射击,亵渎他们的家庭圣地,炮击他们的房屋以取乐,这一切都是为了财产、家庭、宗教和秩序。最后,资产阶级社会中的败类组成**维护秩序的神圣队伍**,而主人公克拉普林斯基①就以"**社会救主**"的资格进入了土伊勒里宫**31**。

---

① 海涅的诗《两个骑士》中的主人公,这里暗指路易·波拿巴。——编者注

二

现在让我们再接着谈下去。

六月事变[27]以后的**制宪国民议会**的历史，是**资产阶级共和派统治和瓦解的历史**，这个派别是以三色旗共和党人、纯粹的共和党人、政治的共和党人、形式主义的共和党人等等称呼闻名的[22]。

这个派别在路易-菲力浦的资产阶级君主制度下是**官方的共和主义反对派**，因而是当时政界中一个公认的构成部分。议院中有它的代表，在报界它也有相当大的势力。它在巴黎的机关报《国民报》[32]，和《辩论日报》[33]一样，算是受人尊敬的。它的性质和它在立宪君主制度下的这个地位也是相称的。它并不是一个因有某些重大的共同利益而紧密团结、因有特殊生产条件而独树一帜的资产阶级集团。它是由一些抱有共和主义思想的资产者、作家、律师、军官和官吏组成的一个派系，这个派系之所以有影响，是由于全国对路易-菲力浦个人的反感，由于对旧的共和国的怀念，由于一群幻想家的共和主义信仰，而主要是由于**法国人的民族主义**。这个派别对于维也纳条约[34]和同英国联盟，始终怀有这种民族主义的仇恨。在路易-菲力浦的统治下，《国民报》的很大一部分拥护者都是因为它鼓吹这种隐蔽的帝制思想而获得的，也正因为如此，后来在共和国时期，这种帝制思想就能以路易·波拿巴为代表,作为一个置人于死地的竞争者来同《国民报》本身对立。《国民报》也和其余一切资产阶级反对派一样,曾经对金融贵族作过斗争。反对预算案的论争在当时的法国是同反对金融贵族的斗争完全相吻合的,这个论争既然能博得非常便宜的声望,并吸取非常丰富的材料来写清教徒[35]式的社论,因而是不能不大受利用的。工业资产阶级感激《国民报》,是因为它奴颜婢膝地拥护法国的保护关税制度,而它维护这个制度又多半是出于民族的动机,而不是出于国民经济学的动机。整个资产阶级感激它,则是因为它恶毒地诽谤共产主义和社会主义。此外,《国民报》派是**纯粹的共和派**,就是说,它要求把资产阶级统治的形式由君主国改为共和国,首先是要求保证自己能在这个统治中占优势。对于这一变革的条件,它的认识极其模糊。但有一点它看得十分清楚,而且在路易-菲力浦统治末期的改革运动的宴会[36]上,这一点已很明显地表露出来了,这就是它在民主派小资产者中间,特别是在革命无产阶级中间是不受欢迎的。这些纯粹的共和党人,真是名副其实的纯粹的共和党人,本来已经准备好在开始时满足于奥尔良公爵夫人摄政[37],恰好这时爆发了二月革命[4],因而他们那些最有名的代表人物都在临时政府里获得了位置。他们当然是一开始就受到资产阶级的信任并在制宪国民议会中占了多数。临时政府中的**社会主义**分子马上被排挤出国民议会开幕后成立的执行委员会[38];《国民报》派利用六月起义的爆发解散了**执行委员会**,从而清除了它的最切近的对手,即**小资产阶级的**或**民主主义的共和党人**(赖德律-洛兰等人)。卡芬雅克,这个指挥了六月战斗的资产阶级共和派的将军,获得了一种独裁的权力,代替了执行委员会。《国民报》的前任总编辑马拉斯特,成了制宪国民议会的常任议长;政府各部部长以及其他一切重要职位,都由纯粹的共和党人占据了。

这样,实际情况超过了早就自命为七月王朝[25]的合法继承人的资产阶级共和派的理想。但是,这个派别取得统治权并不像它在路易-菲力浦时期所幻想的那样,是通过资产阶级举行反对国王的自由主义叛乱,而是由于无产阶级对资本举行了被霰弹镇压下去的起义。资产阶级共和派认为**最革命的**事件,实际上却是**最反革命的**事件。果实落到了资产阶级共和派的怀里,但它不是从生命树上落下来的,而是从知善恶树[39]上落下来的。

资产阶级共和派独占的**统治**,只是从 1848 年 6 月 24 日起存在到 12 月 10 日止。这种统治的结果就是**拟定共和主义宪法和宣布巴黎戒严**。

新的**宪法**[40]实质上不过是 1830 年宪章[41]的共和主义化的版本。七月王朝的过高的选举资格限制,甚至把资产阶级的一大部分人也排挤在政治统治之外,这是和资产阶级共和国的存在不相容的。二月革命立刻取消了这种选举资格限制而宣布了直接的普遍的选举权。资产阶级共和派无法挽回这一事件。他们只得补充了一个限制条款,规定选民必须是在选区居住满六个月的。旧有的行政、市政、司法和军队等等组织,仍然原封不动,宪法对其所作的变更,只涉及目录而没有涉及内容,只涉及名称而没有涉及事物。

1848 年各种自由的必然总汇,人身、新闻出版、言论、结社、集会、教育和宗教等自由,都穿上宪法制服而成为不可侵犯的了。这些自由中的每一种都被宣布为法国公民的**绝对**权利,然而总是加上一个附带条件,说明它只有在不受"**他人的同等权利和公共安全**"或"**法律**"限制时才是无限制的,而这些法律正是要使各种个人自由彼此之间以及同公共安全协调起来。例如："公民有权成立团体,有权和平地、非武装地集会,有权进行请愿并且通过报刊或用其他任何方法发表意见。**对于这些权利的享受,除受他人的同等权利和公共安全限制外,不受其他限制。**"(法国宪法第 2 章第 8 条)"教育是自由的。教育的自由应在法律规定的范围内并在国家的最高监督下**享用之。**"(同上,第 9 条)"每一公民的住所是不可侵犯的,**除非按照法定手续办事。**"(第 1 章第 3 条)如此等等。所以,宪法经常提到未来的**基本法律**;这些基本法律应当详细地解释这些附带条件并且调整这些无限制的自由权利的享用,使它们既不致互相抵触,也不致同公共安全相抵触。后来,这些基本法律由秩序之友制定出来了,所有这些自由都得到调整,结果,资产阶级可以不受其他阶级的同等权利的任何妨碍而享受这些自由。至于资产阶级完全禁止"他人"享受这些自由,或是允许"他人"在某些条件(这些条件都是警察的陷阱)下享受这些自由,那么这都是仅仅为了保证"**公共安全**",也就是为了保证资产阶级的安全,宪法就是这样写的。所以,后来两方面都有充分权利援引宪法:一方面是废除了所有这些自由的秩序之友,另一方面是要求恢复所有这些自由的民主党人。宪法的每一条本身都包含有自己的对立面,包含有自己的上院和下院:在一般词句中标榜自由,在附带条件中废除自由。所以,当自由这个**名字**还备受尊重,而只是——当然是通过合法途径——对它的真正实现设下了种种障碍时,不管这种自由在**日常**现实中的存在怎样被彻底消灭,它在宪法上的存在仍然是完整无损、不可侵犯的。

然而,用这么巧妙的方法使之不可侵犯的这个宪法,如同阿基里斯一样,有一个致命的弱点,只是这个弱点不是在脚踵上,而是在头脑上,或者不如说,是在两个头脑(在这里宪法误入了迷途)上:一个是**立法议会**,另一个是**总统**。只要把宪法浏览一遍,就可以看出:只有那些确定总统对立法议会的关系的条文,才是绝对的、肯定的、没有矛盾的、不容丝毫曲解的。要知道,这里所谈的问题,是要建立资产阶级共和派的可靠地位。宪法第45—70条规定,国民议会可以用合乎宪法的办法排除总统,而总统要排除国民议会却只能用违背宪法的办法,即只有取消宪法本身。可见,这里宪法本身是在号召以暴力来消灭自己。宪法不仅像1830年的宪章那样尊崇分权制,而且把这种分权制扩大到矛盾重重的地步。基佐曾经把立法权和行政权在议会内的争吵称为**宪法的权力的赌博**,在1848年的宪法中,这种赌博一直是孤注一掷的。一方面是由普选产生并享有连选连任权的750名人民代表构成一个不受监督、不可解散、不可分割的国民议会,它拥有无限的立法权力,最终决定宣战、媾和及商约等问题,独揽大赦权,因自己不间断地召集会议而经常站在政治舞台最前面。另一方面是具有王权的一切特性的总统,他有权不经国民议会而任免自己的内阁阁员,他掌握行政权的一切手段,可以分封一切官职,从而在法国操纵着至少150万人的命运,因为有这么多的人在物质生活上依靠于50万各级官吏和各级军官。他统率一切武装力量。他享有赦免个别罪犯、解散国民自卫军以及——经国务会议同意——罢免由公民自己选出的省委员会、县委员会、市镇委员会的特权。同外国缔结条约时,他具有倡议和领导的作用。国民议会永远留在舞台上,是公众日常批评的对象,而总统却在极乐世界[42]过着隐居的生活,不过他眼前和心里老是有宪法第45条在提醒他:"兄弟,要准备牺牲!"[43]你的权力在你当选的第四年,在美丽的5月的第二个星期日就要完结了！那时你的荣华就要完蛋了，这出戏是不会再演的，如果你负有债务，你就及时用宪法规定给你的 60 万法郎的薪俸一律偿清，不然你就不免要在美丽的 5 月的第二个星期一进入克利希①！这样，宪法就把实际权力授给了总统，而力求为国民议会保证道义上的权力。可是，不用说，法律条文不可能创造道义上的权力，宪法在这方面也是自己否定自己，因为它规定总统由所有的法国人直接投票选举。全法国的选票是分散在 750 个国民议会议员之间，可是在这里选票就集中在**一个**人身上。每一单个人民代表不过是某个政党、某个城市、某个桥头堡的代表，甚至只是表示必须选出一个人来凑足 750 个人民代表，人们并不去特别注意事情本身和被选举者本人，可是总统是由全国人民选出的，选举总统是行使主权的人民每四年运用一次的王牌。民选的国民议会和国民只有形而上学的联系，而民选的总统却和国民发生个人联系。国民议会的确通过它的各个代表反映着国民精神的多种多样的方面，而总统却是国民精神的化身。和国民议会不同，总统是一种神权的体现者，他是人民恩赐的统治者。

海洋女神西蒂斯曾经预言阿基里斯要在盛年夭折。像阿基里斯一样有个致命弱点的宪法，也像阿基里斯一样预感到它命该早死。根本用不着西蒂斯离开海洋向制宪的纯粹的共和派泄露这个秘密，这些共和派只要从自己的理想共和国的高空云层间俯瞰一下罪孽的尘世，就可以看到，他们越是接近于完成他们那个伟大的立法艺术创作，保皇派、波拿巴派、民主派和共产主义者的傲慢自负以及他们自己的不孚众望，也就与日俱增。他们力图用立宪的

---

① 1826—1867 年巴黎的债务监狱。——编者注

狡猾手腕,用宪法第 111 条来躲过厄运,根据这条规定,任何**修改宪法**的提案都必须经过每次相距一个月的三次讨论,至少必须由四分之三的票数通过,而且参加表决的至少必须有 500 个国民议会议员。可是这只是为了在他们将来成为议会少数派时(他们现在已经预感到这一点)继续行使权力的一种无力的尝试,现在当他们还在议会中占多数并且握有一切政府权力手段时,这种权力就已经一天天地从他们的软弱的手中滑出去了。

最后,在一个特别滑稽的条文中,宪法把自己托付给"全体法国人民和每一个法国人的警惕性和爱国心",而在前面的另一条文中,它已经把有"警惕性"和"爱国心"的法国人托付给它专门发明出来的特别最高法庭("haute cour")所实行的温柔的刑事监护了。

1848 年的宪法就是这样。它在 1851 年 12 月 2 日不是被人头撞倒,而只是被一顶帽子碰倒了,诚然,这顶帽子是三角拿破仑帽。

当资产阶级共和派在国民议会内忙于构思、讨论和表决这个宪法时,卡芬雅克却在国民议会外把**巴黎**控制在**戒严状态**中。巴黎戒严是处于分娩共和国的产前阵痛中的制宪议会的助产婆。如果说后来宪法被刺刀葬送了,那么不要忘记,当它还在母胎中时,刺刀,而且是对准人民的刺刀就保护过它,而且它是在刺刀帮助下出世的。"正直的共和派"的先辈们曾经拿着他们的象征即三色旗走遍了全欧洲。正直的共和派自己也作出了一项发明,这项发明自己给自己开拓了通向整个大陆的道路,但是它又怀着永不熄灭的爱回到法国,直到它终于在法国的半数的省里取得公民权为止。这项发明就是**戒严**。这是一项卓越的发明,每当法国革命进程处于危急关头,它就要被周期地加以运用。但是,既然兵营和露营这样周期地重重压在法国社会头上,要压制这个社会的意识并制服这个社会;既然马刀和毛瑟枪周期地受命进行审判和管理,进行监护和检查,执行警察和更夫职务;既然胡子和军服周期地被宣布为社会的最高智慧和指导者,那么兵营和露营、马刀和毛瑟枪、胡子和军服又怎么能不终于得出一个结论:最好是宣布自己的统治是最高的统治,并使资产阶级社会根本不必关心自治问题,从而一劳永逸地拯救社会! 兵营和露营、马刀和毛瑟枪、胡子和军服必然要产生这种想法,尤其是因为它们在这种场合下可以希望自己所建树的更高的功劳得到更多的现金报酬,而当它们按某一派资产阶级的命令实行周期戒严和暂时拯救社会的时候,它们除了几个人的死伤和资产者的一些假笑之外,是很少获得实际利益的。为什么军方不可以最终为自己的利益搞一次对自己有好处的戒严,同时把资产者的交易所也围攻一下呢? 而且还不应忘记(我们顺便提一提),**贝尔纳上校**,即在卡芬雅克时期未经审判就把15 000 名起义者放逐的那位军事委员会主席,现在又是巴黎各军事委员会的领导人了。

如果说正直的、纯粹的共和派宣布巴黎戒严,从而创设了后来1851 年12 月2 日的近卫军[44]所赖以成长的苗床,那么同时属于他们的还有另一种功绩:在路易-菲力浦时期他们还点燃民族情感,而现在,当他们掌握了全国的力量的时候,他们却向国外列强跪拜,不去解放意大利,反而让奥地利人和那不勒斯人再一次来奴役意大利。[45]路易·波拿巴在1848 年12 月10 日当选为总统,结束了卡芬雅克的独裁和制宪议会。

宪法第44 条说:"曾经丧失过法国公民资格的人不能担任法兰西共和国总统。"法兰西共和国的第一任总统路易-拿破仑·波拿巴不只丧失过法国公民资格,不只当过英国特别警察[7],而且是一个已经归化了的瑞士人[46]。

关于12月10日选举的意义,我在另一个地方已经详细谈过①,这里就不再谈了。这里只须指出,12月10日的选举是曾经不得不支付二月革命的费用的**农民反对**国内其他各个阶级的**表现**,是**农村反对城市的表现**。这次选举得到军队方面的巨大同情,因为军队从《国民报》派共和党人[22]那里既没有取得荣誉,也没有领到附加军饷;这次选举还受到大资产阶级方面的巨大同情,大资产阶级欢迎波拿巴是把他作为恢复君主制度的一个跳板;选举也受到无产者和小资产者的巨大同情,他们欢迎波拿巴是把他作为对卡芬雅克的一种惩罚。下边我还要更详细地谈谈农民对法国革命的态度。

从1848年12月20日到1849年5月制宪议会解散这个时期,包括了资产阶级共和派灭亡的历史。资产阶级共和派为资产阶级建立了共和国,把革命无产阶级赶下台,一时堵住了民主派小资产阶级的嘴,此后自己也就被资产阶级群众所排斥,这批资产阶级群众有权利把共和国据为**自己的财产**。可是这批资产阶级群众是**保皇派**,其中一部分,即大土地所有者,曾经在**复辟**时期居于统治地位,因而是**正统派**;另一部分,即金融贵族和大工业家,曾经在七月王朝时期居于统治地位,因而是**奥尔良派**。[21]军队、大学、教会、律师界、学院和报界的显要人物,都分属于上述两派,虽然所占比例各不相同。这两部分资产阶级都把这个既不叫做**波旁**,也不

---

① 指马克思《1848年至1850年的法兰西阶级斗争》第2章《1849年6月13日》中的相关论述,见《马克思恩格斯选集》第3版第1卷第481—483页。——编者注

叫做**奥尔良**,而是叫做**资本**的资产阶级共和国,当做它们能够共同进行统治的国家形式。六月起义已经把他们联合成"秩序党"**47**,现在首先应该把还在国民议会中占有席位的一帮资产阶级共和派排斥出去。这些纯粹的共和派曾经极其残暴地滥用武力对付人民,而现在,当需要捍卫他们自己的共和主义和自己的立法权以对抗行政权和保皇党人时,他们却极其怯懦地、畏缩地、沮丧地、软弱无力地放弃了斗争。我用不着在这里叙述他们解体的可耻历史。他们不是灭亡了,而是消亡了。他们已经最终演完了自己的角色。在往后的时期中,不论在议会内或议会外,他们都仅仅表现为对过去的回忆,只要涉及到共和国的名称,只要革命冲突有下降到最低水平的危险,这些回忆便又复活起来。顺便指出,把自己的名称交给这个派别的《国民报》,在后来一个时期就转到社会主义方面去了。①

在结束这一时期之前,我们还应该回顾一下两种力量,这两种力量从 1848 年 12 月 20 日起到制宪议会结束时止是结为连理的,而在 1851 年 12 月 2 日那天,其中的一种力量消灭了另一种力量。我们所指的一方是路易·波拿巴,另一方是联合的保皇党,即秩序党,大资产阶级的党。波拿巴就任总统后立即组织了以奥迪隆·巴罗为首(请注意,是以议会资产阶级的最自由主义的一派的老

---

① 在 1852 年版中这一段之后还有如下一段话:"这样,法兰西共和国创立或奠定时期可分为三个阶段:1848 年 5 月 4 日—6 月 24 日,在二月事变中联合起来的所有阶级和附属阶级在资产阶级共和派的领导下反对无产阶级,无产阶级一败涂地;1848 年 6 月 25 日—1848 年 12 月 10 日,资产阶级共和派当政,制定宪法,巴黎戒严,卡芬雅克专政;1848 年 12 月 20 日—1849 年 5 月底,波拿巴和秩序党反对共和派制宪议会,共和派制宪议会失败,资产阶级共和派覆灭。"——编者注

领袖为首)的秩序党内阁。巴罗先生终于获得了他1830年以来朝思暮想的内阁职位,并且是内阁总理的职位。然而这个位置并非像他在路易-菲力浦时期所幻想的那样,是以议会反对派[24]的最先进领袖的身份得到的,而是以他的一切死敌即耶稣会[48]和正统派的同盟者的身份得到的,而且他的任务就是把议会送进坟墓。他终于迎娶了新娘,然而只是在新娘失身以后才娶回家的。波拿巴本人好像完全退隐了,代他行动的是秩序党。

在内阁第一次会议上就决定派远征军去罗马,并且商定要瞒着国民议会来安排这件事,而经费却要假造口实向国民议会索取。这样,内阁就开始以欺骗国民议会和暗中勾结外国专制势力的办法来对付革命的罗马共和国了。波拿巴也用同样的方法和同样的手段准备了反对保皇党立法议会及其立宪共和国的十二月二日政变[1]。不要忘记,在1848年12月20日组成波拿巴内阁的那个政党,又是1851年12月2日的立法国民议会中的多数。

8月间制宪议会曾经决定,在制定并公布一套补充宪法的基本法律以前,它不解散。1849年1月6日,秩序党通过议员拉托建议议会不要去搞什么基本法律,最好是通过一项关于议会**自行解散**的决议。这时,不仅以奥迪隆·巴罗先生为首的内阁,而且国民议会中的全体保皇党议员,都以命令口吻对国民议会说:为了恢复信用,为了巩固秩序,为了终止不确定的暂时状态而建立完全确定的状态,必须解散国民议会;议会妨碍新政府进行有效的工作,它只是由于执迷不悟才企图延长自己的生命;它已经使全国感到厌恶了。波拿巴把这一切攻击立法权的说法都记在心里,背得烂熟,并在1851年12月2日向议会保皇派证明,他确实从他们那里学到了一些东西。他把他们自己的口号拿来反对他们。

　　巴罗内阁和秩序党往前更进了一步。他们在全法国掀起了**向国民议会请愿的运动**，客客气气地请求国民议会隐退。这样，他们就把无组织的人民群众引入反对国民议会、反对依照宪法组织起来的民意表现的斗争。他们教会波拿巴从诉诸议会转而诉诸人民。1849 年 1 月 29 日那天，制宪议会终于不得不解决关于自行解散的问题了。这一天，军队占据了国民议会举行会议的场所；总揽国民自卫军和正规军指挥大权的秩序党将军尚加尔涅，就像是处于临战状态那样在巴黎举行了大规模的阅兵，而联合起来的保皇党人威胁制宪议会说，如果它不表示顺从，就将使用暴力。国民议会果然表示愿意顺从，但商定再苟延一个短短的时期。1 月 29 日不就是 1851 年 12 月 2 日的政变吗？不过这次是由保皇党人协同波拿巴反对共和派国民议会罢了。保皇党老爷们没有看到或是不愿意看到，波拿巴利用 1849 年 1 月 29 日事变，为的是让一部分军队在土伊勒里宫[31]前受他检阅；他贪婪地抓住这个公然诉诸武力来反对议会权力的初次尝试，为的是提醒大家想起卡利古拉[49]。他们当然只看见了他们的尚加尔涅。

　　特别推动秩序党使用暴力去缩短制宪议会生命的一个原因，就是那些补充宪法的**基本**法律——教育法、宗教法等等。联合的保皇党人认为极其重要的，是他们自己制定这些法律，而不是让那些疑虑重重的共和党人去制定。可是，在这些基本法律中，还有一个关于共和国总统的责任的法律。1851 年立法议会正从事于制定这个法律，波拿巴就以 12 月 2 日的政变防止了这一政变。联合的保皇党人在 1851 年冬季议会行动时期，是多么希望有一个现成的总统责任法，并且是由疑虑重重的、敌对的共和派议会制成的总统责任法啊！

在制宪议会于 1849 年 1 月 29 日自己毁坏了自己最后的武器以后,巴罗内阁和秩序之友便将它置于死地。他们不放过任何机会来贬低它,强迫这个软弱无力的和对自己绝望的议会通过一些使它失去最后一点社会尊敬的法律。波拿巴沉溺于自己的固定的拿破仑观念[50],竟然肆无忌惮地公开利用对议会势力的这种贬低。例如,当国民议会 1849 年 5 月 8 日因乌迪诺将军占领奇维塔韦基亚而通过谴责内阁议案,并命令罗马远征军回到它所谓的目标时,当天晚上波拿巴就在《通报》[51]上发表了致乌迪诺的一封信,祝贺这位将军建树了英雄的功绩,并且和那些卖弄笔墨的议员相反,假装成军队的宽大为怀的庇护者。保皇党人对此加以讥笑。他们认为他不过是个笨蛋。最后,当制宪议会议长马拉斯特偶尔担忧国民议会的安全,根据宪法责令一个上校率领所部开来保护国民议会时,那个上校却以军纪为借口拒绝调动,并建议马拉斯特去跟尚加尔涅交涉,而尚加尔涅也拒绝了马拉斯特的要求,并且刻毒地说,他不喜欢能思想的刺刀。1851 年 11 月,联合的保皇党人在准备开始同波拿巴作决定性的斗争时,曾经企图在他们的声名狼藉的**议会总务官法案**[52]中规定国民议会议长能直接调动军队的原则。他们的一位将军勒夫洛签署了这个法案。但是,尚加尔涅白白地投票赞成了这一法案,梯也尔也白白地赞扬了已故制宪议会的有远见的智慧。**陆军部长圣阿尔诺**像尚加尔涅回答马拉斯特一样回答了他,而且博得了山岳党[6]的鼓掌!

当**秩序党**还只是内阁而不是国民议会的时候,它就这样玷污了**议会制度**。而当 1851 年十二月二日政变把议会制度逐出法国的时候,它就叫喊起来了!

我们祝议会制度一路平安!

三

立法国民议会于 1849 年 5 月 28 日开会,到 1851 年 12 月 2 日被解散。这一时期是**立宪共和国或议会制共和国**的存在时期。①

在第一次法国革命中,**立宪派**统治以后是**吉伦特派**[53]的统治;**吉伦特派**统治以后是**雅各宾派**[54]的统治。这些党派中的每一个党派,都是以更先进的党派为依靠。每当某一个党派把革命推进得很远,以致它既不能跟上,更不能领导的时候,这个党派就要被站在它后面的更勇敢的同盟者推开并且送上断头台。革命就这样沿着上升的路线行进。

1848 年革命的情形却相反。当时无产阶级的政党是小资产

---

① 在 1852 年版中这一段是这样写的:"立法国民议会于 1849 年 5 月 28 日开会,到 1851 年 12 月 2 日被解散。这一时期是**立宪共和国或议会制共和国**的存在时期。这一时期可分为三个主要阶段:**1849 年 5 月 28 日—1849 年 6 月 13 日**,民主派和资产阶级的斗争,**小资产阶级或民主主义政党的失败;1849 年 6 月 13 日—1850 年 5 月 31 日**,资产阶级,即联合的奥尔良派和正统派或秩序党的议会专政,这个专政是在**废除普选权**之后实行的;**1850 年 5 月 31 日—1851 年 12 月 2 日**,资产阶级和波拿巴的斗争,**推翻资产者的统治**,立宪共和国或议会制共和国的覆灭。"——编者注

阶级民主派的附属物。后者背叛了它,并使它在 4 月 16 日[55]、5 月 15 日[26]和 6 月的日子[27]里遭受了失败。民主派又全靠资产阶级共和派双肩的支持。资产阶级共和派刚刚感到自己站稳脚跟,就把这个麻烦的伙伴抛弃,自己又去依靠秩序党[47]双肩的支持。但秩序党耸了耸肩膀,抛开资产阶级共和派,自己赶忙站到武装力量的双肩上去;它还一直以为它是坐在武装力量的肩膀上,却忽然有一天发现肩膀已经变成了刺刀。每个党派都向后踢那挤着它向前的党派,并向前伏在挤着它后退的党派身上。无怪乎它们在这种可笑的姿势中失去平衡,并且装出一副无可奈何的鬼脸,奇怪地跳几下,就倒下去了。革命就这样沿着下降的路线行进。二月革命[4]的最后街垒还没有拆除,第一个革命政权还没有建立,革命就已经这样开起倒车来了。

我们所谈的这个时期,各种尖锐的矛盾极其错综复杂:立宪派公然图谋反对宪法,革命派公开承认自己拥护立宪;国民议会想左右一切,却总是按议会方式进行活动;山岳党以忍耐为天职,并以预言未来的胜利来补偿现在的失败;保皇派扮演着共和国的元老院议员的角色,为环境所迫,不得不在国外支持他们所依附的互相敌对的王室,而在法国内部却支持他们所憎恨的共和国;行政权把自己的软弱当做自己的力量,把自己招来的轻蔑看做自己的威信;共和国不过是两个王朝——复辟王朝和七月王朝[25]——的卑鄙方面在帝国的招牌下的结合;联盟的首要条件是分离;斗争的首要准则是不分胜负;放肆地无谓地煽动,是为了安宁;最隆重地宣扬安宁,是为了革命;有热情而无真理;有真理而无热情;有英雄而无功绩;有历史而无事变;发展的唯一动力仿佛是日历,它由于相同的紧张和松弛状态的不断反复而使人倦怠;对立形势周期地达到高度尖锐化,好像只是为了钝化和缓和,但始终不能得到解决;一方面是装腔作势的努力和害怕世界灭亡的市侩恐怖心理,另一方面却是救世主们玩弄极其卑微的倾轧手段和演出宫廷闹剧,他们这种漫不经心的做法使人想起的不是末日的审判,而是弗伦特运动[56]时期的情景;法国的全部官方天才,由于一个人的狡猾的愚钝而破灭;国民的共同意志每次通过普选权来表现时,都试图在群众利益的昔日的敌人身上得到适当的体现,直到最后它在一个海盗的固执的意志上得到了体现。如果历史上曾经有一页是被涂抹得一片灰暗的话,那就正是这一页。人物和事变仿佛是一些颠倒的施莱米尔——没有肉体的影子。革命自己麻痹自己的体现者,而把热情的强力完全赋予自己的敌人。如果说,反革命派不停地召唤来的"赤色幽灵"[57]终于出现,那么它出现时就不是戴着无政府主义的弗利基亚帽[58],而是穿着秩序的制服、**红色的军裤**。

我们已经看到,波拿巴在1848年12月20日他自己的升天节这一天所组成的内阁,是秩序党的内阁,即正统派和奥尔良派[21]的联合内阁。这个或多或少用强力缩短了共和派制宪议会寿命的巴罗—法卢内阁,直到制宪议会死后还在执掌政权。联合保皇党人的将军尚加尔涅继续执掌着正规军第一师和巴黎国民自卫军的最高统帅权。最后,普选保证秩序党在国民议会中取得大多数的席位。在国民议会中,路易-菲力浦的众议院议员和贵族院议员,已同一群神圣的正统主义者汇合起来了,对于这些正统主义者来说,国民的大量的选票变成了政治舞台的入场券。波拿巴派的议员人数太少,不足以构成一个独立的议会党。他们只不过是秩序党的一个可怜的附属物。这样,秩序党就掌握了政府权力、军队和立法机关,一句话,掌握了全部国家政权;而且这个党在精神上是靠着把它的统治炫示为民意表现的普选、靠着反革命势力在整个欧洲大陆上同时获得胜利而加强起来的。

从来还没有一个党派拥有这样强有力的手段和在这样良好的征兆下开始斗争。

罹难的**纯粹的共和派**[22]在立法国民议会中只剩下一个以非洲的将军卡芬雅克、拉莫里谢尔和贝多为首的大约50人组成的集团。大的反对党是**山岳党**——这是**社会民主派**给自己取的议会名称。在国民议会750个席位中,它占有200多个,所以它至少是和秩序党三个派别中的任何一个派别同等强大。它和整个保皇派联盟相比之下所占的相对少数地位,好像是由于特殊情况而趋于平衡了。不仅各省的选举表明山岳党在农村居民中获得很多拥护者,而且差不多全体巴黎议员都是属于山岳党的;军队以选出三个下级军官来表明它的民主主义信念,而山岳党的首领赖德律-洛兰与秩序党的一切代表不同,是由于五个省的选票集中到他身上而被抬上议员宝座的。这样,在1849年5月28日,山岳党在保皇党内部以及在整个秩序党和波拿巴之间必然发生冲突的情况下看来有获胜的一切条件。可是,两星期以后,它竟失掉了一切,包括声誉在内。

在我们继续叙述议会的历史以前,为了避免在估计我们所考察的这个时代的总的性质时通常易犯的错误,需要作几点说明。在民主派看来,无论在制宪国民议会时期或在立法国民议会时期,问题都不过是共和党人和保皇党人之间的斗争。他们把运动本身概括为**一个词:"反动"**——黑夜,这时所有的猫都是灰的,而他们也可以滔滔不绝地倾泻出他们的更夫的老生常谈。当然,初看起来,秩序党好像是各种保皇派集团的结合体,这些集团不仅互相倾轧,以便把自己的王位追求者捧上王位,把对方的王位追求者排挤掉,而且它们一致对"共和国"表示仇恨,一致对"共和国"进行斗争。和这些保皇派的阴谋家相反,山岳党好像是"共和国"的代表。秩序党似乎是永远忙于"反动",而这种"反动"完全像在普鲁士一样,是针对新闻出版、结社等等的,并且还像在普鲁士一样,是以官僚、宪兵和法庭进行粗暴的警察干涉的方式实现的。"山岳党"同样毫不停息地忙于抵抗这种攻击,以此来保护"永恒的人权",就像近150年以来每个所谓的人民党派所多多少少做过的那样。可是,只要更仔细地分析一下情况和各个党派,这种遮蔽着**阶级斗争**和这个时期特有面貌的假象就消失了。

我们已经说过,正统派和奥尔良派是秩序党中的两个大集团。什么东西使这两个集团依附于它们的王位追求者并使它们互相分离呢?难道只是百合花⁵⁹和三色旗,波旁王室和奥尔良王室,各种色彩的保皇主义?难道真是它们的保皇主义信仰?在波旁王朝时期进行统治的是**大地产**连同它的僧侣和仆从;在奥尔良王朝²⁵时期进行统治的是金融贵族、大工业、大商业,即**资本**和它的随从——律师、教授和阿谀者。正统王朝不过是地主世袭权力的政治表现,而七月王朝则不过是资产阶级暴发户篡夺权力的政治表现。所以,这两个集团彼此分离绝不是由于什么所谓的原则,而是由于各自的物质生存条件,由于两种不同的财产形式;它们彼此分离是由于城市和农村之间的旧有的对立,由于资本和地产之间的竞争。当然,把它们同某个王朝联结起来的同时还有旧日的回忆、个人的仇怨、忧虑和希望、偏见和幻想、同情和反感、信念、信条和原则,这有谁会否认呢?在不同的财产形式上,在社会生存条件上,耸立着由各种不同的、表现独特的情感、幻想、思想方式和人生观构成的整个上层建筑。整个阶级在其物质条件和相应的社会关系的基础上创造和构成这一切。通过传统和教育承受了这些情感和观点的个人,会以为这些情感和观点就是他的行为的真实动机和出发点。如果奥尔良派和正统派这两个集团中的每一个集团,都硬要自己和别人相信它们彼此分离是由于它们对两个不同王朝的忠诚,那么后来的事实所证明的却恰恰相反,正是它们利益的对立才使得这两个王朝不能合二为一。正如在日常生活中应当把一个人对自己的想法和品评同他的实际人品和实际行动区别开来一样,在历史的斗争中更应该把各个党派的言辞和幻想同它们的本来面目和实际利益区别开来,把它们对自己的看法同它们的真实本质区别开来。奥尔良派和正统派同处于共和国中并提出同样的要求。如果一方不管另一方力求**复辟**它**自家的王朝**,那么这只是表明,**资产阶级**分裂成的**两大集团**(地产和资本),都力图恢复自己的统治地位,而使对方处于从属地位。我们谈论资产阶级的两大集团,是因为大地产虽然还摆着封建主义的姿态,抱着高贵门第的高傲态度,但是在现代社会发展的影响下已经完全资产阶级化了。例如,英国的托利党人[60]曾长期认为,他们是热衷于王权、教会和旧日英国制度的美好之处,直到危急关头才被迫承认,他们仅仅是热衷于**地租**。

联合的保皇党人在报刊上,在埃姆斯[61],在克莱尔蒙特[62],在议会之外,总是互相倾轧。在幕后,他们又穿起他们旧时的奥尔良派的和正统派的制服,进行他们的旧时的比武。但是在公开的舞台上,在大型政治历史剧[63]演出时,在扮演一个议会大党的角色时,他们对自己的可敬的王朝只是敬而远之,无止境地推迟君主制的复辟。他们在从事自己的真正事业时是以**秩序党**的姿态出现,即凭着**社会的**资格,而不是凭着**政治的**资格;是作为资产阶级世界秩序的代表者,而不是作为出游公主的护卫骑士;是作为和其他阶级对立的资产阶级,而不是作为和共和党人对立的保皇党人。作为秩序党,他们也比先前任何时候,比复辟时期或七月王朝时期,享有更加无限和更加稳固地统治其他社会阶级的权力。这样的权力只有在议会制共和国的形式下才可能存在,因为只有在这种国家形式下,法国资产阶级的两大集团才能联合起来,从而把本阶级的统治提到日程上来,以代替本阶级中的一个特权集团的统治。如果尽管如此他们还是以秩序党的身份痛骂共和制,发泄他们对共和制的憎恶,那么这就不仅是出于保皇主义的回忆了。本能告诉他们,共和制虽然完成了他们的政治统治,同时却破坏着这一统治的社会基础,因为他们现在必须面对各个被奴役的阶级并且直接和它们斗争,没有人调解,没有王冠作掩护,也不能用相互之间以及和王权之间的次要斗争来转移全国的视线。由于感觉到自己软弱无力,他们才不得不在他们阶级统治的完备的条件面前退缩下来,力图返回到那些不大完备、不大发达、因而危险也较少的阶级统治的形式上去。相反地,每当联合的保皇党人和敌视他们的王位追求者即波拿巴发生冲突时,每当他们担心行政权危害他们的议会的万能权力时,每当他们因此必须亮出自己统治的政治资格时,他们就不是以**保皇党人**的身份出现,而是以**共和党人**的身份出现,从奥尔良派的梯也尔到正统派的贝里耶都是如此:前者曾向国民议会担保说,关于共和国的问题,他们的意见分歧最少;后者曾缠着三色绶带,以护民官的姿态,在1851年12月2日代表共和国向集合在第十区区政府前面的人民群众发表演说。的确,有一阵讥笑的回声响应着他:亨利五世! 亨利五世!

　　与联合的资产阶级相对抗的,是小资产者和工人的联合,即所谓的**社会民主派**。1848 年六月事变以后,小资产者发觉自己受到了亏待,自己的物质利益受到威胁,而那些应当保证它有可能捍卫这种利益的民主保障,也受到了反革命的危害。因此,它就和工人接近起来。另一方面,它在议会中的代表,即在资产阶级共和派专政时期被排挤到后台去的**山岳党**[6],在制宪议会存在的后半期,因为同波拿巴及保皇派阁员们进行了斗争,又重新获得了已失去的声望。山岳党和社会主义的领袖们结成了同盟。1849 年 2 月举行了和解宴会,制定了共同纲领,设立了共同的选举委员会,提出了共同的候选人。无产阶级的社会要求已被磨掉革命的锋芒,发生了民主主义的转折,小资产阶级的民主主义要求则丢掉了纯政治的形式而显露出社会主义的锋芒。这样就产生了**社会民主派**。由这种联合产生出来的新**山岳党**所包含的成员,除了几个工人阶级出身的配角和几个社会主义的宗派分子,还是和旧山岳党所包含的成员一样,不过是人数多点罢了。但是,逐渐地它就随着它所代表的那个阶级一同变化了。社会民主派的特殊性质表现在,它要求把民主共和制度作为手段并不是为了消灭两极——资本和雇佣劳动,而是为了缓和资本和雇佣劳动之间的对抗并使之变得协调起来。无论它提出什么办法来达到这个目标,无论目标本身涂上的革命颜色是淡是浓,其内容始终是一样的:以民主主义的方法来改造社会,但是这种改造始终不超出小资产阶级的范围。然而也不应该狭隘地认为,似乎小资产阶级原则上只是力求实现其自私的阶级利益。相反,它相信,保证它自身获得解放的那些**特殊**条件,同时也就是唯一能拯救现代社会并避免阶级斗争的**一般**条件。同样,也不应该认为,所有的民主派代表人物都是小店主或崇拜小店主的人。按照他们所受的教育和个人的地位来说,他们可能和小店主相隔天壤。使他们成为小资产者代表人物的是下面这样一种情况:他们的思想不能越出小资产者的生活所越不出的界限,因此他们在理论上得出的任务和解决办法,也就是小资产者的物质利益和社会地位在实际生活上引导他们得出的任务和解决办法。一般说来,一个阶级的**政治代表**和**著作界代表**同他们所代表的阶级之间的关系,都是这样。

从以上的分析可以明显地看出,当山岳党为了共和国和所谓的人权不断同秩序党作斗争时,共和国或人权并不是它的最终目的,正像一支将被缴械的军队进行反抗和投入战斗并不是为了保全自己的武器一样。

国民议会刚一开幕,秩序党就向山岳党挑战。资产阶级这时已感到必须制服民主派小资产者,正如他们在一年以前感到必须整垮革命无产阶级一样。不过这次对手的情况已是另一个样子了。无产阶级党的力量是在街上,小资产者的力量却在国民议会中。因此必须趁时间和形势还没有把这种力量巩固起来的时候,就把它从国民议会引诱到街上,使它自己摧毁它在议会中的力量。山岳党便纵马飞奔到陷阱中去了。

把山岳党引入陷阱的诱饵是法军炮轰罗马[45]。这次炮轰违反了宪法第 5 条,因为该条禁止法兰西共和国使用自己的兵力侵犯他国人民的自由。此外,宪法第 54 条还禁止行政权不经国民议会同意宣布战争,而制宪议会在 5 月 8 日的决议中曾指责远征罗马的举动。赖德律-洛兰以此为根据在 1849 年 6 月 11 日对波拿巴和他的部长们提出弹劾案。赖德律-洛兰被梯也尔的刻毒的讥刺激怒,威胁说将用一切手段,甚至将使用武力来保卫宪法。山岳党全体一致起立,重申这个使用武力的号召。6月12日,国民议会否决了弹劾案,于是山岳党就退出了议会。六月十三日事变[64]大家都知道:一部分山岳党人发表宣言,宣布波拿巴和他的部长们"不受宪法保护";民主派的国民自卫军徒手举行示威游行,遇到尚加尔涅的军队就逃散了,如此等等。一部分山岳党人逃到国外,另一部分被交付布尔日特别最高法庭审讯,余下的山岳党人按照议会规则[65]受到国民议会议长吹毛求疵的监管。巴黎重又宣布戒严,巴黎国民自卫军中的民主派部分被解散了。山岳党在议会中的影响和小资产者在巴黎的力量就这样被消灭了。

里昂——在那里六月十三日事变成了工人流血起义的信号[66]——也和邻近的五个省同时宣布了戒严。戒严状态一直继续到现在。

山岳党大多数背弃了自己的先锋队,拒绝在它的宣言上签名。报刊也临阵脱逃了,只有两家报纸敢于登载这个宣言。[67]小资产者背叛了自己的代表,国民自卫军没有露面,即使在某处露面,也只是阻挠构筑街垒。代表们欺骗了小资产者,军队中的所谓同盟者根本没有露过面。最后,民主派不但没有从无产阶级中汲取力量,反而把自己的懦弱传染给无产阶级,并且正如民主党人的一切重大行动中常有的情形那样,领袖们为了安慰自己,可以责备他们的"人民"背叛了他们,人民为了安慰自己,可以责备他们的领袖欺骗了他们。

很少看到有什么事情比山岳党当前的进军喧嚷得更厉害;很少看到谈论什么事情像现在吹嘘民主派必胜这样自信、这样迫不及待。显然,民主党人是相信使耶利哥城墙应声倒塌的号角声[68]的力量的。每当他们站在专制制度的城墙面前时,他们就力图重复这个奇迹。如果山岳党真想在议会中获得胜利,它就不应该号召使用武力。如果它在议会中号召使用武力,它就不应该在街头采取议会式的行动。如果它真的想举行和平示威,那么没有预见到示威将受到武力的干涉,就很愚蠢了。如果它想投入实际的战斗,那么放下战斗所必需的武器,就是件怪事了。可是问题在于,小资产者和他们的民主派代表人物提出革命威胁,不过是企图吓唬一下敌人罢了。当他们误入死胡同时,当他们丢尽了面子,以致不得不把自己的威胁付诸实行时,他们就采取模棱两可的态度,尽力避免采取可能达到目的的手段,而急于寻找失败的借口。一旦必须实地战斗时,震耳欲聋的宣战前奏曲就变成怯懦的唠叨;演员不再认真表演了,戏也就停止了,像吹胀了的气球一样,针一刺就破了。

没有一个党派像民主党这样夸大自己的力量,也没有一个党派像民主党这样轻率地错误估计局势。当一部分军队投票赞成山岳党的时候,山岳党就认为,军队会举行起义来拥护它。而根据是什么呢?就是根据这样一个理由,这个理由在军队看来只有一个意思,即革命家站在罗马士兵方面反对法国士兵。另一方面,人们对1848年的六月事变还记忆犹新,以致无产阶级对国民自卫军深恶痛绝,秘密团体的领袖们对民主派的领袖们表示很不信任。要消除这些矛盾,必须有受到威胁的重大的共同利益出现。宪法某一抽象条文遭破坏,并不能激起这种利益。如民主党人自己所说,难道宪法不是已经被人破坏了许多次吗?难道最大众化的报纸不是已经责骂宪法是反革命的拙劣作品吗?但是,民主党人代表小资产阶级,即体现两个阶级的利益互相削弱的那个**过渡阶级**,所以民主党人自以为完全超然于阶级对抗之上。民主党人认为,和他们对立的是一个特权阶级,而他们和全国所有其他阶层一起构成了**人民**。他们所维护的是**人民的权利**;他们所关心的是**人民的利益**。因此,他们没有必要在临近斗争时考察各个不同阶级的利益和立场。他们不必过分仔细地估量自己的力量。他们只要发出一个信号,**人民**就会用它的无穷无尽的力量冲向**压迫者**。可是,如果事实表明民主党人的利益没有吸引力,他们的力量是软弱的,那么这就应该归罪于危险的诡辩家,他们把**统一的人民**分成了各个敌对的阵营;或者是由于军队太野蛮,太没有理智,不能把民主党人的纯正目的当做自己的至宝;再不然就是由于执行中的某个细节使全盘皆输,或者是由于某个意外的偶然事件使这一次行动又被挫败了。不管怎样,民主党人逃出最可耻的失败时总是洁白无瑕的,正像他们陷入这种失败时是纯洁无辜的一样;他们摆脱失败时信心更加坚定了,他们以为他们一定会胜利,以为不是他们自己和他们的党应该放弃旧的观点,相反地,是形势应该来适应他们的旧观点。

因此,不应当以为人数大大削减、备受挫折并被新的议会规则所侮辱的山岳党是太不幸运了。虽然六月十三日事变排挤了它的领袖,但是这一天又给第二流的能者腾出了位置,这个新地位使得他们得意忘形。虽然他们在议会中软弱无力的情况已经毋庸置疑,但是他们现在已经有理由把他们的行动局限于道义上的愤怒和虚张声势的言论了。虽然秩序党把他们这些最后正式代表革命的人物看做无政府状态一切可怕现象的体现者,但是他们在实际上已经能够表现得更平庸、更温和了。关于 6 月 13 日的失败[64],他们意味深长地安慰自己说,只要谁敢动一动普选权,只要敢动一下,我们就让他知道我们的厉害! 走着瞧吧!

至于那些逃到国外的山岳党人，这里只须指出：赖德律-洛兰在不到两星期的时间内就把他所领导的强大的党无可挽回地断送了，在这以后，他竟觉得自己负有使命组织一个有名无实¹⁹的法国政府；他这个远离行动舞台的人物，似乎将随着革命水平的下降，随着官方法国的官方大人物变得愈益矮小而愈益高大起来；在1852年，他能以共和派竞选人的资格出面；他不断向瓦拉几亚人和其他民族发出通告，威胁说要以他自己和他的同盟者的壮举来对付大陆上的专制暴君。蒲鲁东曾向这班老爷们说过："你们就是会吹牛皮！"①他这样说难道没有一点道理吗？

6月13日，秩序党不仅击溃了山岳党的势力，同时还执行了**宪法应服从国民议会多数的决议的原则**。它对共和国的理解是：在共和国里，资产阶级通过议会形式实现统治，不像在君主国里那样，既要受行政权的否决权的限制，又要受行政权解散议会的权力的限制。这就是梯也尔所说的**议会制共和国**。可是，如果说资产阶级在6月13日保证自己在议会大厦内取得了无限的权力，那么它把议会中最孚众望的议员排除出去，岂不是严重地削弱了议会对付行政权和人民的力量，因而使议会本身受到一次沉重的打击吗？它既然毫不客气地把许多议员交付法庭审判，也就是废弃了它本身的议会不可侵犯性。它迫使山岳党议员遵守的那个屈辱性的规则，大大提高了共和国总统的地位，因而也就大大贬低了每一个人民代表。它指责为保护立宪制宪法而举行的起义是图谋颠覆社会的无政府行动，也就是自己剥夺了自己在遭受行政权违反宪

---

① 皮·约·蒲鲁东《致公民赖德律-洛兰、沙尔·德勒克吕兹、马丁·贝尔纳等人和伦敦〈流亡者报〉的编辑们。1850年7月20日》，载于1850年7月《1850年人民报》第2期。——编者注

法的侵犯时诉诸起义的机会。历史真能捉弄人！1851 年 12 月 2 日[1]，秩序党痛哭流涕、但徒劳无益地向人民推荐了一位抵御波拿巴并保护宪法的将军**乌迪诺**，而这位将军曾按照波拿巴的命令炮轰了罗马，因而成为 6 月 13 日护宪骚动的直接原因。6 月 13 日的另一个英雄**维埃伊拉**，曾经率领一帮属于金融贵族的国民自卫军在民主派报社内胡作非为，因而受到来自国民议会讲坛的称赞；而这个维埃伊拉竟参与了波拿巴的阴谋，并且在很大程度上使得国民议会在生死关头失掉了国民自卫军方面的任何援助。

6 月 13 日的事变还有另一种意思。山岳党曾力求把波拿巴交付法庭审判。所以，山岳党的失败也就是波拿巴的直接胜利，也就是波拿巴个人对他那些民主派敌人的胜利。秩序党赢得了这个胜利，而波拿巴只要坐享其成就行了。他这样做了。6 月 14 日，巴黎各处墙壁上张贴了一个布告，据布告所说，总统好像并没有参与这一切，好像他也并不愿意，只是为事变所迫才离开他的僧院式的隐居生活，他以被人误会的善人的口吻抱怨敌人对他的诽谤，他仿佛把他个人和秩序的事业等同起来，实际上却是把秩序的事业和他个人等同起来。此外，虽然国民议会后来批准了对罗马的征讨，但这次征讨是由波拿巴发起的。波拿巴恢复了最高祭司撒母耳在梵蒂冈的权力以后，便可以指望以大卫王的姿态进入土伊勒里宫了。[69]他已把僧侣拉到自己方面来了。

我们已经说过，6 月 13 日的骚动只不过是一次和平的街头游行。所以，对付这次游行，是说不上什么军事勋业的。然而，在这个很少有英雄人物和事变的时期，秩序党却把这个不流血的战斗变成了第二个奥斯特利茨[70]。讲坛和报刊都称赞军队，说它是秩序用来对抗那些体现无政府状态的软弱无力的人民群众的一种力量,而尚加尔涅则被称颂为"社会中坚"——这个骗局,最后连他自己也信以为真了。这时,那些看来怀有二心的军队,都被悄悄地调出了巴黎;那些在选举中表露出浓厚的民主倾向的团队,都从法国调往阿尔及尔去了;士兵中不安分的分子,都被送入了惩罚队;最后,报刊渐渐和兵营完全隔绝,而兵营渐渐和市民社会完全隔绝了。

在这里我们已经谈到了法国国民自卫军历史上的决定性的转折点。1830 年,国民自卫军决定了复辟的垮台。在路易-菲力浦时期,如果国民自卫军站在军队一边,每次暴动都要遭到失败。当国民自卫军在 1848 年的二月事变中对镇压起义采取消极的态度,而对路易-菲力浦采取模棱两可的态度时,路易-菲力浦就认定自己要完蛋,而事情果然也就是这样。于是就确立了这样一种信念:革命**没有**国民自卫军便不能胜利,而军队如果**反对**国民自卫军便不能获胜。这是军队对市民万能的一种迷信。在 1848 年六月事变中,当全部国民自卫军协同正规军镇压了起义的时候,这种迷信更加牢固了。从波拿巴就任总统时起,由于违反宪法地把国民自卫军的指挥权和正规军第一师的指挥权统一在尚加尔涅一人身上,国民自卫军的地位才有所降低了。

国民自卫军的指挥权在这里好像成了最高军事统帅的一种属性,同样,国民自卫军本身也好像只是正规军的附属物。最后,在 6 月 13 日国民自卫军已经被粉碎,这不仅是由于从这一天起它在法国全国各地都一部分一部分地逐渐被解散,直到只剩一些碎屑为止。6 月 13 日的示威游行首先是国民自卫军中民主派的示威游行。固然,他们用来和军队对抗的,不是自己的武器,而只是自己的军装;可是,护身符就在于这个军装。军队知道,这种军装不过是一块普普通通的毛料。魔法消失了。1848 年六月事变时,资产阶级和小资产阶级以国民自卫军为代表同军队联合起来反对无产阶级;1849 年 6 月 13 日,资产阶级在军队的帮助下驱散了小资产阶级的国民自卫军;1851 年 12 月 2 日,资产阶级自己的国民自卫军也已经不存在了,当波拿巴后来签署解散国民自卫军的法令时,他只是确认了既成的事实。资产阶级就这样自己毁坏了自己对抗军队的最后一个武器,但是自从小资产阶级已不像一个忠顺的臣仆支持它而像一个反叛者反对它的时候,资产阶级就已经不得不毁坏这个武器了。一般说来,资产阶级一旦自己成为专制者的时候,就不得不亲手把自己用来对付专制制度的一切防御手段尽行毁坏。

这时候,秩序党却在庆祝政权重新回到它手里(1848 年它失掉了这个政权,好像只是为了 1849 年它摆脱一切羁绊的时候重新把政权收回来),它对共和国和宪法横加侮辱,咒骂未来、现在和过去的一切革命,甚至连它自己的领袖所完成的革命都包括在内,最后还颁布了钳制报刊言论、消灭结社自由和把戒严状态规定为正常制度的法律。接着,国民议会从 8 月中旬到 10 月中旬休会,任命了休会期间的常任委员会。在休会期间,正统派在埃姆斯进行阴谋活动,奥尔良派在克莱尔蒙特进行阴谋活动,波拿巴借皇帝式的巡游来进行阴谋活动,而各省议会则在为修改宪法召开的会议上施展阴谋,这是国民议会定期休会期间照例经常发生的一些事实。这些事实只有在它们具有事变的性质时,我才较为详细地予以论述。不过这里还应该指出,国民议会在一个相当长的时期内退出舞台,只留下路易·波拿巴这一个——虽然是可怜的——人物在众目睽睽之下占据共和国首脑的地位,国民议会的这种举动是失策的,而这时秩序党却分解为保皇派的各个构成部分,发泄其彼此敌对的复辟欲望,使公众为之哗然。每当这种休会期间**议会**的喧闹声趋于沉寂而议会的身体消融到国民里去的时候,就显然可以看出,这个共和国为要显出自己的真面目来,只缺少**一件东西**——使**议会的**休会继续不断,并把**共和国的**"自由,平等,博爱"这句格言代以毫不含糊的"步兵,骑兵,炮兵!"

四

1849 年 10 月中,国民议会复会。11 月 1 日,波拿巴送给议会一份咨文①,说巴罗—法卢内阁已经被免职,新内阁已经组成,这使议会大为震惊。就是驱逐一个仆人也不会像波拿巴驱逐自己的内阁阁员那样蛮横无礼。预定要向国民议会踢去的一脚,先踢到巴罗和他的同僚身上了。

我们已经说过,巴罗内阁是由正统派和奥尔良派[21]组成的。这是秩序党[47]的内阁。波拿巴需要这个内阁,是为了要解散共和派制宪议会,实现对罗马的征讨[45],并摧毁民主派的力量。那时他好像躲在这个内阁背后,把政府权力让给了秩序党,戴上了路易-菲力浦时期报刊的责任发行人戴的谦虚的性格面具,即代理人戴的面具。现在他把面具丢掉了,因为这个面具已不是一块使他能够隐藏自己的面容的薄纱,而是已变成一个妨碍他显示出自己的本来面目的铁制面具了。他任命巴罗内阁,是要借秩序党的名义驱散共和派的国民议会;他解散这个内阁,是要宣布他自己的名字和这个秩序党的国民议会无关。

要解散巴罗内阁是不乏正当借口的。巴罗内阁在对待共和国

---

① 1849 年 11 月 1 日巴黎《总汇通报》第 305 号。——编者注

总统这个和国民议会并存的权力时,甚至连必须遵守的礼节都忽视了。在国民议会休会期间,波拿巴发表了给埃德加·奈伊的信,其中好像是指责教皇①的自由主义行动[71],正像他曾同制宪议会相对抗,发表了称赞乌迪诺进攻罗马共和国的信一样。当国民议会表决远征罗马的拨款时,维克多·雨果从所谓的自由主义出发提起了这封信的问题。秩序党在表示轻蔑和怀疑的叫声下,根本埋葬了认为波拿巴的狂妄举动可能有什么政治意义的念头。内阁阁员没有一个人出来替波拿巴应战。又一次,巴罗以他特有的空洞的热情,在讲坛上愤愤不平地讲到据他说是在总统亲信人物中进行的"可憎的阴谋"。最后,内阁从国民议会中为奥尔良公爵夫人争得了寡妇抚恤金,却坚决拒绝向国民议会提出增加总统年俸的议案。在波拿巴身上,王位追求者和破产冒险家的身份紧紧地结合在一起,因此,认定他自己负有恢复帝国的使命这一伟大思想,总是由认定法国人民负有替他偿清债务的使命的另一伟大思想来补充。

巴罗—法卢内阁是波拿巴所成立的第一个同时又是最后一个**议会制内阁**。所以,这个内阁的解散是一个决定性的转折点。随着这个内阁的解散,秩序党就不可挽回地丧失了为维持议会制度所必需的支柱——掌握行政权。显然,在法国这样的国家里,行政权支配着由50多万人组成的官吏大军,也就是经常和绝对控制着大量的利益和生存;在这里,国家管制、控制、指挥、监视和监护着市民社会——从其最广泛的生活表现到最微不足道的行动,从其最一般的生存形式到个人的私生活;在这里,这个寄生机体由于极

---

① 庇护九世。——编者注

端的中央集权而无处不在、无所不知，并且极其敏捷、极其灵活，而现实的社会机体却极无独立性、极不固定；在这样一个国家里，国民议会如果不同时简化国家管理，不尽可能缩减官吏大军，最后，如果不让市民社会和舆论界创立本身的、不依靠政府权力的机关，那么它一旦失掉分配阁员位置的权限，也就失掉任何实际影响了。但是，法国资产阶级的**物质利益**恰恰是和保持这个庞大而分布很广的国家机器最紧密地交织在一起的。它在这里安插自己的多余的人口，并且以国家薪俸形式来补充它用利润、利息、租金和酬金形式所不能获得的东西。另一方面，资产阶级的**政治利益**又迫使它每天都要加强压制，即每天都要增加国家政权的经费和人员，同时又必须不断地进行反对社会舆论的战争，并由于猜疑而去摧残和麻痹独立的社会运动机关，如果不能把它们根本割掉的话。这样，法国资产阶级的阶级地位就迫使它一方面要根本破坏一切议会权力、包括它自己的议会权力的生存条件，另一方面则使得与它相敌对的行政权成为不可抗拒的权力。

　　新内阁叫做奥普尔内阁。这并不是说奥普尔将军得到了内阁总理的职位。自从巴罗被免职时起，波拿巴甚至废除了这个职位，因为事实上这个职位使共和国总统成为在法律上微不足道的立宪君主，这个立宪君主没有王位和王冠，没有权杖和宝剑，没有不被追究责任的特权，没有世袭的最高国家权位，而最糟糕的是没有王室费。奥普尔内阁里只有一个人拥有议员头衔，这就是高利贷者**富尔德**，他是金融贵族中恶名昭彰的一个。财政部长的位置就落到他手上。只要看看巴黎交易所的行市表，就可以看出，从1849年11月1日起，法国的证券是随着波拿巴的股票的涨跌而涨跌的。这样，波拿巴在交易所中找到了同盟者，同时又通过任命卡尔利埃为巴黎警察局长而把警察抓到自己手里。

可是,内阁更迭的后果,只有在事变继续发展的进程中才能显露出来。波拿巴暂时只向前进了一步,好像是为了更清楚地表明自己被抛到后面去了。他送了一份粗鲁的咨文以后,接着就极为卑屈地表示听命于国民议会。每当内阁阁员们敢于小心翼翼地试图把他个人的奇奇怪怪的想法制定成法案的时候,他们好像只是迫于本身地位违心地执行他们事先已确信不会有什么效果的滑稽的委托。每当波拿巴在内阁阁员们背后泄露出他的意图并玩弄他的"拿破仑观念"**50**的时候,他的内阁阁员就在国民议会的讲坛上表示不同意他的主张。看来他说出篡夺权位的欲望,只是为了使他的敌人们的幸灾乐祸的笑声不致沉寂下去。他扮演了一个不被赏识而被全世界当做傻瓜的天才角色。他还从来没有像这个时期这样遭到一切阶级的极度的轻蔑。资产阶级还从来没有这样绝对地统治过,还从来没有这样高傲地炫耀过自己的统治的象征物。

我的任务不是在这里叙述资产阶级立法活动的历史。它的立法活动在这个时期只限于制定两个法律:一个是恢复**葡萄酒税**的法律**72**,另一个是废除无神思想的**教育法73**。当法国人难以喝上葡萄酒的时候,真正的生命之水①却供应得更加充裕。资产阶级以葡萄酒税的法律宣布了旧时的可恨的法国税制的不可侵犯性,同时又力图以教育法使群众保存他们能够容忍这一税制的旧时的心境。有人感到奇怪,为什么奥尔良派,自由派资产者,这些伏尔泰主义**74**和折中派哲学的老信徒们,竟把指导法国人的精神的工作委托给他们的宿敌耶稣会**48**。可是,奥尔良派和正统派虽然在

————————————————

① 参看《新约全书·约翰启示录》第22章。——编者注

王位追求者这个问题上有分歧，但是他们双方都懂得，他们的共同统治要求把两个时期的压迫手段结合起来，七月王朝[25]时期的奴役手段必须用复辟时期的奴役手段来补充和加强。

农民的一切希望都落了空，他们一方面比任何时候都苦于粮价低落，另一方面又苦于赋税和抵押债务日益加重，于是他们在各省开始骚动起来。他们所得到的回应是：迫害教师，使他们服从于僧侣；迫害镇长，使他们服从于省长；最后是施行控制一切人的侦探制度。在巴黎和各大城市，反动派本身具有自己时代的特征，挑衅行为多于压制。在乡村，反动派卑鄙龌龊、琐碎小气、可恶可厌，一句话，就是宪兵。显然，受过牧师制度祝福的宪兵制度三年来对愚昧的群众的腐蚀该是多么深。

虽然秩序党在国民议会讲坛上热情奔放，大发议论反对少数派，但是它的言词始终是单音节的，正如基督徒说："是就是，不是就不是！"①不论是讲坛上或报刊上的言论，都很单调，和预先知道答案的谜语一样平淡无味。不管是谈请愿权还是葡萄酒税，不管是谈新闻出版自由还是贸易自由，不管是谈俱乐部还是市政机构，也不管是谈保障人身自由还是决定国家预算，发出的口号总是一样，题目总是一个，判词总是早已准备妥帖而且总是一成不变地说："**社会主义**！"甚至资产阶级的自由主义也被宣布为**社会主义**；资产阶级的启蒙运动也被宣布为社会主义；资产阶级的财政改革也被宣布为社会主义。在已有运河的地方建筑铁路也是社会主义，用木棍抵御刀剑的袭击也是社会主义。

这并不只是一句空话、一种时髦或一种党派斗争手腕。资产

---

① 参看《新约全书·马太福音》第5章第37节。——编者注

阶级正确地了解到,它为反对封建制度而锻造出来的各种武器都倒过来朝向它自己了,它所创造的一切教育手段都转过来反对它自己的文明了,它所创造的所有的神都离弃了它。它了解到,一切所谓的市民自由和进步机关,都侵犯它的**阶级统治**,并且既威胁它的社会基础,又威胁它的政治上层,因此这些东西就成了"**社会主义的**"了。在这种威胁和这种侵犯中,它正确地看出了社会主义的秘密,所以它对于社会主义的意义和趋势的评价,比所谓的社会主义自己对自己的评价更正确些。而这种所谓的社会主义因此也就不能了解,为什么资产阶级对它一味表示反对——不管它是在为人类的痛苦感伤地哭泣,不管它是在宣扬基督的千年王国[18]和博爱,也不管它是在用人道主义态度漫谈精神、教育和自由,或是在空泛地臆造一切阶级的协调和幸福的制度。资产阶级只是没有了解到一点:如果推论下去,那么它**自己的议会制度**,它的整个**政治统治**,现在也应该被普遍指责为**社会主义的东西**了。当资产阶级的统治还没有充分组织起来,还没有获得自己的纯粹的政治表现时,其他各个阶级的对抗也不能以纯粹的形式出现,而在出现这一对抗的地方,它也不能实现那种使一切反对国家政权的斗争转化为反对资本的斗争的危险转变①。既然资产阶级认为任何一种社会生活表现都危害"安宁",那么它又怎能希望在社会上层保持**不安宁的制度**,即保持自己那个——照它的一位发言人的说法——生存在斗争中并且靠斗争生存的**议会制度**呢?靠辩论生存的议会制度怎能禁止辩论呢?既然这里每种利益、每种社会措施

---

① 在1852年版中这句话是这样写的:"它也不能实现那种立刻危及财产、宗教、家庭和秩序,使一切反对国家政权的斗争转化为反对资本的斗争的危险转变。"——编者注

都被变成一般的思想,并被当做一种思想来讨论,那么在这种条件下怎么能把某种利益、某种措施当做一种高出思维的东西而强使人们把它当做信条来接受呢？发言人在讲坛上的斗争,引起了报界低级作家的斗争;议会中的辩论俱乐部必然要由沙龙和酒馆中的辩论俱乐部来补充;议员们经常诉诸民意,就使民意有理由在请愿书中表示自己的真正的意见。既然议会制度将一切事情交给大多数决定,那么议会以外的大多数又怎能不想作决定呢？既然你们站在国家的顶峰上拉提琴,那么站在下面的人跟着跳舞不正是意料之中的事吗？

总之,既然资产阶级把它从前当做"**自由主义**"颂扬的东西指责为"**社会主义**",那么它就是承认:它本身的利益要求它逃避**自身统治**的危险;要恢复国内的安宁,首先必须使它的资产阶级议会安静下来,要完整地保持它的社会权力,就应该摧毁它的政治权力;只有资产阶级作为一个阶级在政治上注定同其他阶级一样毫无价值,个别资产者才能继续剥削其他阶级,安逸地享受财产、家庭、宗教和秩序;要挽救它的钱包,必须把它头上的王冠摘下,并且把保护它的剑像达摩克利斯剑一样悬在它自己的头上。

在资产阶级的共同利益方面,国民议会表现得非常无能。例如 1850 年冬季开始的关于修筑巴黎—阿维尼翁铁路问题的讨论,直到 1851 年 12 月 2 日还没有结果。国民议会只要不从事压迫,不进行反动活动,它就患了不可救药的不妊之症。

当波拿巴的内阁中的一部分人倡议制定符合秩序党精神的法律,一部分人还在夸大这些法律在实施和运用中的严酷性的时候,波拿巴本人却企图以一些幼稚荒唐的提案来博得声望,强调自己对于国民议会的敌意,并暗示有某种神秘的藏宝处,只是由于环境的阻碍暂时还不能把所藏的财宝奉献给法国人民。例如,给下级军官每天增加四个苏的津贴的提案,以及为工人创设信誉贷款银行的提案。金钱的馈赠和金钱的借贷,这就是他希望用以诱惑群众的远景。馈赠和贷款,这无非就是显贵的和卑贱的流氓无产阶级的财政学。波拿巴所善于运用的妙诀只此而已。还从来没有一个王位追求者像他这样庸俗地利用群众的庸俗习气来进行投机勾当。

国民议会眼看着波拿巴这样明显地企图靠损害它来博取声望,眼看着这个被债主催逼而又毫无值得珍惜的声誉的冒险家越来越可能干出某种极冒险的勾当,曾不止一次地表示狂怒。秩序党和总统之间的分歧已经具有危险性,一个出乎意料的事件又迫使总统怀着忏悔的心情重新投入秩序党的怀抱。我们指的是**1850年3月10日的补选**。这次选举是为了填补六月十三日事变[64]后被监禁或被驱逐出国的议员所空下来的席位。巴黎只选了社会民主派的候选人①,并且绝大部分选票都投给了参加过1848年六月起义[27]的德弗洛特。和无产阶级联合起来的巴黎小资产阶级,就这样报复了1849年6月13日的失败。看来,小资产阶级在危急关头离开战场,只是为了要在顺利的情况下以更大的战斗力量和更勇敢的战斗口号重新进入战场。看来有一种情况更加重了这次选举胜利的危险性。军队在巴黎投票选举了六月起义的一个参加者来对抗波拿巴的内阁阁员拉伊特,而在各省,军队中大部分人投了山岳党人[6]的票,山岳党人在这些地方虽然不像在巴黎那样占有绝对优势,但也比对手占有优势。

---

① 拉·伊·卡诺、保·德弗洛特和弗·维达尔。——编者注

波拿巴突然看到自己又面对着革命了。和1849年1月29日及1849年6月13日一样，1850年3月10日他又躲到秩序党背后去了。他屈服了，他怯懦地请罪，表示决心遵照议会多数的意旨来组织任何一个内阁，他甚至恳求奥尔良派和正统派的首领们，梯也尔们、贝里耶们、布罗伊们和摩莱们，一句话，就是恳求所谓的卫戍官们[75]亲自掌握政权。秩序党未能利用这个千载难逢的机会。它不但没有大胆地抓住这个送到手上的政权，甚至也没有强迫波拿巴恢复他在11月1日所解散的内阁；它满足于用自己的宽恕羞辱波拿巴，并使**巴罗什**先生加入奥普尔内阁。这个巴罗什作为公诉人曾经在布尔日特别最高法庭疯狂地攻击过五月十五日事件[26]中的革命者和六月十三日事件中的民主派，两次都指控他们危害国民议会。以后波拿巴的任何一个内阁阁员，都没有再敢像巴罗什那样侮辱国民议会，而在1851年12月2日以后，我们发现，他又得到了参议院副议长这个官高禄厚的职位。他把痰吐在革命者的菜汤中，为的是让波拿巴把它喝掉。

社会民主派这边似乎只是在寻找借口，以便再度使自己的胜利成为问题并削弱这一胜利的意义。巴黎新选出的议员之一维达尔，同时在斯特拉斯堡也当选了。他被说服放弃巴黎的选举而接受了斯特拉斯堡的选举。这样，民主派就没有把自己在投票站的胜利变成最终的胜利，从而激起秩序党立刻在议会中对这个胜利提出异议，它没有迫使对手在人民热情高昂和军队情绪良好的时机出来斗争，反而在3月和4月间用新的竞选把巴黎弄得疲惫不堪，使人民的激昂的感情在这一新的临时竞选把戏中消耗掉，使革命的精力满足于宪制的成就，把革命精力浪费于细小的攻讦、空洞的宣言和表面的运动，让资产阶级集合起来并做好准备，最后，以

4月补选的感伤主义的注解(欧仁·苏当选)减弱了3月选举的意义。一句话,社会民主派让3月10日受了4月愚人节的愚弄。

议会中的多数派了解自己对手的弱点。因为波拿巴让多数派领导和负责攻击,多数派的17个卫戍官拟定了新选举法[76],法案的报告人是要求这种荣誉的福适先生。5月8日,福适提出了这个法案,其内容是要废除普选权,并规定选举人必须在他们所在的选区内居住三年,最后,工人在选区的居住年限应由他们的雇主来作证。

民主派在宪制选举斗争时期曾满怀革命的激情,当现在应该拿起武器来证明自己的选举胜利的重大意义的时候,他们却以宪制精神鼓吹秩序,宣扬庄严的宁静(calme majestueux)和合法行为,也就是盲目地服从自封为法律的反革命势力的意志。在辩论的时候,山岳党力图羞辱秩序党,以一个遵守法制的正直庸人的冷漠态度来对抗它的革命热情,严厉责备它的革命行为,从而把它置于死地。甚至新当选的议员们也极力想以自己的谨慎而有礼的举动来向大家证明:责骂他们是无政府主义者和把他们的当选解释成革命的胜利,是一种怎样的误解。5月31日,新选举法通过了。山岳党把抗议书塞进议长的衣袋里就心满意足了。继选举法之后又通过了一个彻底消灭革命报刊的新的新闻出版法[77]。革命报刊遭到这种厄运是活该。在这场大洪水以后,革命的最前哨就只剩下《国民报》[32]和《新闻报》[78]这两个资产阶级的报纸了。

我们已经看到,民主派的领袖们在3月和4月间曾竭力把巴黎人民拖入虚构的斗争,而在5月8日以后又竭力阻止巴黎人民进行实际的斗争。此外,我们还不应当忘记,1850年是少有的工商业繁荣的年头,所以当时巴黎的无产阶级有充分就业的机会。

可是 1850 年 5 月 31 日的选举法根本剥夺了无产阶级参政的权利，甚至断绝了他们接近战场的机会。这个法律使工人回复到他们在二月革命[4]以前所处的贱民地位。面对着这样的事变，他们却让民主派来驾驭自己，为了一时的安逸而忘记了自己阶级的革命利益，由此放弃了作为制胜力量的光荣，屈服于自己的命运，并且表明，1848 年 6 月的失败使他们多年丧失了战斗能力，最近的历史进程又要撇开他们而自行发展。至于在 6 月 13 日曾大嚷大叫"只要敢动一动普选权，那就对他不客气！"的小资产阶级民主派，现在却自慰说：反革命给他们的打击根本不是打击，而 5 月 31 日的法律也根本不是法律。在 1852 年 5 月的第二个星期日，每个法国人都将一手拿着选票，一手拿着利剑来到投票站。他们用这样的预言来安慰自己。最后，军队为了 1850 年 3 月和 4 月的选举而受到上级的处罚，正如他们曾经为了 1849 年 5 月 29 日的选举而受到处罚一样。可是这一次军队坚决地对自己说："第三次我们再不会上革命的当了！"

1850 年 5 月 31 日的法律[76]，是资产阶级的政变。资产阶级过去所有各次对革命的胜利，都只具有临时的性质。只要现届国民议会一退出舞台，这些胜利就成为问题了。这些胜利是取决于新的普选中的偶然情况的，而自从 1848 年以来，选举的历史已经无可辩驳地证明，资产阶级的实际统治越强大，它对人民群众的精神统治就越软弱。普选权在 3 月 10 日直接表明反对资产阶级的统治，资产阶级就以取消普选权进行了报复。所以，5 月 31 日的法律是阶级斗争的一种必然表现。另一方面，按宪法规定，共和国总统的当选至少要有 200 万票才算有效。如果总统候选人中没有一个人获得这个最低限度的票数，国民议会就有权从得票最多的三个候选人中选出一个来当总统。当制宪议会制定这个法律的时候,选民册中共有 1 000 万选民。所以,按照这个法律,只要取得占选民总数五分之一的票数,总统当选就算有效了。5 月 31 日的法律至少从选民册中勾销了 300 万个选民,这样就把选民人数减低到 700 万人,但是当选总统需要获得 200 万选票的法定最低限额却依然保留着。这样一来,法定的最低限额就从总选票的五分之一几乎提高到三分之一。换句话说,这个法律用尽一切办法把总统选举从人民手里暗中转到国民议会手里。总之,秩序党好像是用 5 月 31 日的选举法加倍巩固了自己的统治,因为它已经把国民议会议员的选举和共和国总统的选举转交给社会的保守部分了。

五

革命危机刚一过去,普选权刚一废止,国民议会和波拿巴之间的斗争就重新爆发了。

宪法规定发给波拿巴的薪俸是每年 60 万法郎。他就职后不到半年工夫,就把这个数额增加了一倍,因为奥迪隆·巴罗硬要制宪议会每年发给 60 万法郎的津贴作为所谓交际费。在 6 月 13 日以后,波拿巴又提出过类似的要求,可是巴罗这次并没有听从。现在,在 5 月 31 日以后,波拿巴立即利用这个有利的时机,通过他的内阁阁员们向国民议会要求每年发给 300 万法郎的总统年俸。长期的流浪生活使这个冒险家长出非常发达的触角,能探知可能向资产者勒索金钱的时机。他采取了十足的敲诈手段。国民议会在他的协助和同意下污辱了人民的主权。他威胁说,如果国民议会不松开钱袋,不以每年 300 万法郎来买他的沉默,他就要向人民法庭告发国民议会的犯罪行为。国民议会剥夺了 300 万法国人的选举权,他要求把每一个不流通的法国人换成一个流通的法郎,正好是 300 万法郎。他是由 600 万人选出来的,他要求赔偿他在事后被剥夺掉的票数。国民议会的委员会拒绝了这种厚颜无耻的要求。波拿巴派的报纸进行威胁。国民议会能够在它从原则上彻底和国民群众决裂的时候又同共和国总统决裂吗?国民议会虽然否决了每年的总统年俸,但同意一次性增发 216 万法郎。国民议会既已答应给钱,同时又以自己的烦恼表明自己这样做是出于不得已,因而就暴露了双倍的软弱。波拿巴为什么需要这笔款子,我们往后就可以看到。在废除普选权后,接踵而至的是令人气恼的尾声,在这尾声当中波拿巴对于篡权的议会的态度已经从 3 月和 4 月危机时期的恭顺平和变成了挑战式的骄横,而国民议会在这个尾声后却休会三个月,从 8 月 11 日到 11 月 11 日。它在休会期间留下了一个由 28 人组成的常任委员会,代行它的职能。这其中没有一个波拿巴分子,但是有几个温和的共和派。1849 年的常任委员会完全是由秩序党**47**和波拿巴分子组成的。但是,那时是秩序党以革命的经常反对者自命,现在则是议会制共和国以总统的经常反对者自命了。5 月 31 日的法律**76**通过后,秩序党要对付的只是这个敌手了。

1850 年 11 月国民议会复会的时候,过去国民议会和总统之间的一些小小的冲突看来势必要转化为两个权力之间的大规模的无情战斗,转化为两个权力之间的你死我活的斗争。

同 1849 年间一样,这一年议会休会期间,秩序党又分解成了各个派别,每一派别都忙于自己的复辟阴谋,这种阴谋因路易-菲力浦之死而更加活跃起来。正统派**21**的国王亨利五世甚至任命了一个组织完备的内阁驻在巴黎,其中有几个常任委员会委员。因此,波拿巴也有理由巡游法国各省,并按照他所临幸的每个城市的情绪,或者隐晦地或者公开地吐露自己的复辟计划,为自己张罗选票。波拿巴的这次巡游,自然被大型的官方报纸《通报》**51**和小型的波拿巴私人通报捧做胜利的游行。在这次巡游期间,到处都有**十二月十日会**79的会员们随驾陪行。这个团体在 1849 年就成立了。它名义上是个慈善会,实际上是由巴黎流氓无产阶级组成的一些秘密宗派,每一个宗派都由波拿巴的走狗们领导,总领导人是一个波拿巴派的将军①。在这个团体里,除了一些生计可疑和来历不明的破落放荡者,除了资产阶级中的败类和冒险分子,就是一些流氓、退伍的士兵、释放的刑事犯、脱逃的劳役犯、骗子、卖艺人、游民、扒手、玩魔术的、赌棍、皮条客、妓院老板、挑夫、下流作家、拉琴卖唱的、捡破烂的、磨刀的、补锅的、叫花子,一句话,就是被法国人称做浪荡游民的那个完全不固定的、不得不只身四处漂泊的人群。波拿巴把这些跟他同类的分子组成十二月十日会即"慈善会"的核心,因为这个团体的所有成员都和波拿巴一样感到自己需要靠国内的劳动群众来周济。波拿巴是**流氓无产阶级的首领**,他只有在这些流氓无产者身上才能大量地重新找到他本人所追求的利益,他把这些由所有各个阶级中淘汰出来的渣滓、残屑和糟粕看做他自己绝对能够依靠的唯一的阶级。这就是真实的波拿巴,不加掩饰的波拿巴。② 他这个老奸巨猾的痞子,把各国人民的历史生活和他们所演出的大型政治历史剧[63],都看做最鄙俗的喜剧,看做专以华丽的服装、辞藻和姿势掩盖最鄙陋的污秽行为的化装舞会。例如,在进攻斯特拉斯堡时,一只受过训练的瑞士兀鹰就扮演了拿破仑之鹰的角色。当他在布洛涅登陆时,他给几个伦敦仆役穿上了法国军装,于是他们就俨然成了军队。[81]在他的十二月十

---

① 让·皮·皮亚。——编者注

② 在1852年版中这句话是:"这就是真实的波拿巴,不加掩饰的波拿巴,他后来除了革命者之外,还把他的一部分昔日的共谋者送到卡宴[80],从而以万能的方式还清了欠他们的债,这充分地显示出波拿巴的本色。"——编者注

日会中,他搜罗了1万个游手好闲分子,要他们扮演人民,正像尼克·波顿扮演狮子①一样。当资产阶级毫不违反法国演剧格式的迂腐规则,十分严肃地表演最纯粹的喜剧时,当它一半被骗一半信服自己的大型政治历史剧的庄严时,一个把喜剧仅仅看做喜剧的冒险家当然是要获得胜利的。只有当他扫除了盛装的敌人,并且认真演起自己的皇帝角色,戴上拿破仑的面具装做真正的拿破仑以后,他才会成为他自己的世界观的牺牲品,成为一个不再把世界历史看做喜剧而是把自己的喜剧看做世界历史的认真的丑角。十二月十日会是波拿巴特有的一种党派战斗力量;它对于波拿巴的意义,正如国家工场[82]对于社会主义工人,别动队[28]对于资产阶级共和派的意义一样。在他巡游期间,十二月十日会的会员们成群地聚集在沿途各火车站,装做迎驾的群众,并表示人民的热情,高叫"皇帝万岁!",侮辱和殴打共和党人——所有这些,当然都是在警察保护下干出来的。在他返回巴黎的途中,这些人就充当了前卫,防止或驱散敌对性的示威游行。十二月十日会属于他,是**他**创造出来的,是完全出自他自己的主意。在其他方面,他据为己有的东西,都是由于形势关系落到他手中的;他所做的一切,都不过是形势替他做好或者是他模仿别人的行为罢了。他公开地对资产者大打其关于秩序、宗教、家庭、财产的官腔,暗地里却依靠着舒夫特勒和斯皮格尔勃之流的秘密团体,依靠着无秩序、卖淫和偷窃的团体。这是波拿巴的本色,而十二月十日会的历史便是他本人的历史。有一次破例地发生了这样的事情:有几个秩序党议员挨了十二月十日会会员的木棍。更有甚者,指派给国民议会负责其保卫

---

① 莎士比亚《仲夏夜之梦》第1幕第2场。——编者注

事宜的警官伊雍,根据一个名叫阿莱的人的口供向常任委员会报告,说十二月十日会的一个支部决定暗杀尚加尔涅将军和国民议会议长杜班,并且已经指定了凶手。可以想象,杜班先生该是多么惊恐。看来,议会对十二月十日会的调查,即对波拿巴秘密内幕的揭发,是不可避免的了。可是,在国民议会即将开会的时候,波拿巴却早有戒备地解散了自己的这个团体,不过这种解散当然只是在纸面上,因为 1851 年底,警察局长卡尔利埃还在一个详尽的报告书中徒劳地劝他真正解散十二月十日会。

当波拿巴还未能把国家军队变成十二月十日会时,十二月十日会仍然是他的私人军队。波拿巴在国民议会休会不久就在这方面作了初次的尝试,而且用的是他刚刚从国民议会手中索取来的钱。他是一个宿命论者,相信有某种不可抗拒的力量是人们特别是军人们所抵抗不住的。而首先被他列入这种力量的就是雪茄烟和香槟酒、冷盘禽肉和蒜腊肠。所以他一开始就在爱丽舍宫的大厅里用雪茄烟、香槟酒、冷盘禽肉和蒜腊肠款待了军官和军士。10 月 3 日他在圣莫阅兵时,又对军队采用了这种办法;10 月 10 日他在萨托里阅兵时,又更大规模地重复了这种办法。伯父回忆亚历山大远征亚洲,侄子就回忆巴克科斯在同一地方的征伐。不错,亚历山大是半神,而巴克科斯却是神,并且是十二月十日会的庇护神。

10 月 3 日检阅后,常任委员会曾把陆军部长奥普尔召来质问,后者保证这类违反纪律的事情不再发生。大家知道,波拿巴怎样在 10 月 10 日履行了奥普尔的诺言。这两次阅兵都是由巴黎军队总司令尚加尔涅担任指挥的。这个尚加尔涅既是常任委员会的委员,又是国民自卫军的司令官;既是 1 月 29 日和 6 月 13 日的

"救星",又是"社会中坚";既是秩序党的总统候选人,又是两个王朝的意中的蒙克;他以前从来没有承认自己是陆军部长的部属,一向公开嘲笑共和国宪法,以模棱两可的高傲的庇护态度追逐着波拿巴。现在他却热烈地拥护军纪,反对陆军部长;拥护宪法,反对波拿巴了。当10月10日有一部分骑兵高呼"拿破仑万岁!腊肠万岁!"时,尚加尔涅竟作了安排,至少使他的朋友诺马耶率领去受检阅的步兵严守沉默。在波拿巴的怂恿下,陆军部长为了惩罚诺马耶将军,以任命他为第十四师和第十五师的司令官为借口,解除了他在巴黎的职位。诺马耶拒绝调换职务,因而被迫辞职。尚加尔涅于11月2日发布命令,禁止军队在持军械的情况下呼喊任何政治口号和进行任何示威。爱丽舍宫方面的报纸①攻击尚加尔涅;秩序党的报纸攻击波拿巴;常任委员会接连不断地召开秘密会议,会上一再提议宣布祖国处于危急状态;军队好像已分裂为两个敌对的阵营,有两个敌对的总参谋部,一个在波拿巴的官邸爱丽舍宫,另一个在尚加尔涅的官邸土伊勒里宫**31**。看来只需国民议会召开会议来发出战斗的信号了。法国公众对波拿巴和尚加尔涅之间这次纠纷的评判,和一位英国记者的评论相同,这位记者写道:

"法国的政治女仆们正在用旧扫帚扫除革命的灼热熔岩,而她们在这样做的时候又互相争吵得不可开交。"②

这时,波拿巴急忙免除了陆军部长奥普尔的职务,随即把他派到阿尔及尔去,任命施拉姆将军继任陆军部长。11月12日波拿

---

① 指波拿巴派的报纸。——编者注
② 见1850年11月9日《经济学家》第376期。——编者注

巴向国民议会送去了一篇美国式的冗长咨文①，其中充满了琐事，渗透着秩序的臭味，渴望调和，表示服从宪法，谈论到所有一切，只是没有谈论到当前的紧急问题。他好像是顺便指出，根据宪法的明确规定，军队的指挥权完全属于总统。这篇咨文是以下面一段极其庄严的词句结尾的：

"**法国要求的首先是安宁……** **我只受誓言约束，我将谨守这个誓言给我划定的狭隘界限……** 至于我个人，我是人民选出的，我的权力完全是人民赋予的，我将永远服从人民的合法表示的意志。如果你们在本届会期中决定要修正宪法，那就由制宪议会来调整行政权的地位。否则人民将于1852年庄严地宣布自己的决定。可是不论将来的结局如何，我们总应该取得一种共识，永远不让一个伟大民族的命运由热情、意外事故或暴力来主宰…… 我首先注意的问题不是弄清楚谁将在1852年治理法国，而是要运用我所能支配的时间使这个过渡时期不发生风波和乱子。我对诸位是开诚布公的。望你们以信任来回答我的诚意，以襄助来回答我的善念，其余的一切上帝会来照顾。"

资产阶级的有礼貌的、伪善而温和的、庸俗慈善的腔调，在十二月十日会的专权者兼圣莫和萨托里的野餐英雄的口中，暴露了它那最深长的含义。

关于这种内心剖白是否值得信任的问题，秩序党的卫戍官们[75]总是心中有数的。誓言他们早已听厌了，他们自己的人中间就有许多政治上发伪誓的老手和巧匠；不过关于军队的那一段话，他们倒是没有听漏。他们愤懑地发觉：这个咨文非常烦琐地列举了最近颁布的各种法律，但是故意不提最重要的法律——选举法；不仅如此，在不修改宪法的情况下，这个咨文把1852年的总统选

---

① 1850年11月13日巴黎《总汇通报》第317号。——编者注

举委诸人民。选举法是拴在秩序党脚上的铅球,妨碍他们行动,当然更妨碍他们冲击!此外,波拿巴以正式解散十二月十日会和免除奥普尔的陆军部长职务的手法,亲手把替罪的羔羊献到祖国的祭坛上。他把预期发生的尖锐冲突缓和了下来。最后,秩序党自己也胆怯地竭力回避、缓和并抹杀和行政权发生的决定性的冲突。由于害怕失去在和革命进行斗争中所获得的一切,它让敌手攫取了它所获得的果实。"法国要求的首先是安宁。"秩序党从2月起就开始对革命这样叫喊;现在波拿巴在他的咨文中又对秩序党这样叫喊。"法国要求的首先是安宁。"波拿巴采取了图谋篡夺权位的行为,但是当秩序党因为这种行为而吵吵嚷嚷并且神经过敏地加以解释的时候,它就造成了"不安宁"。只要没有人谈到萨托里的腊肠,这腊肠是根本不会说话的。"法国要求的首先是安宁。"所以波拿巴要求让他安安静静地干他的事情,而议会党却由于双重的恐惧而动弹不得:一怕重新引起革命的不安宁状态,二怕自己在本阶级即资产阶级眼中成为造成不安宁的人。既然法国要求的首先是安宁,所以秩序党也就不敢用"战争"来回答波拿巴咨文中的"和平"了。公众本来以为在国民议会开会时准有好戏看,结果却大失所望。反对派议员要求常任委员会交出它关于十月事件的记录,但这个要求被多数否决了。人们根本规避一切可能激动人心的辩论。国民议会在1850年11月和12月的工作是没有什么意义的。

直到12月底,才开始在议会的个别特权问题上爆发一场游击战。自从资产阶级以废止普选权暂时避开了阶级斗争的时候起,运动就沦为两个权力之间为特权问题发生的小小的口角。

有一位人民代表,名叫莫甘,因负债被法庭判罪。司法部长鲁埃在回答法院院长的询问时宣称,应当径直下令把负债者拘捕起来。于是莫甘就被投入债务监狱。国民议会得知这种谋害行为时,大为愤懑。它不仅决定立即释放被捕者,而且当晚①就通过自己的法警强制地把他从克利希监狱放出来了。可是,为了要证明自己信仰私有财产的神圣性,并且暗中打算将来在必要时能够把讨厌的山岳党人**6**安置到收容所去,国民议会又宣布说:在事先取得它的同意后,拘捕负债的人民代表是容许的。国民议会忘记宣布总统也可以因负债被捕入狱。国民议会把自己议员的不可侵犯权的最后一点影子都消灭无余了。

上面已经讲过,警官伊雍根据一个名叫阿莱的人的供词,告发了十二月十日会的一个支部阴谋暗杀杜班和尚加尔涅两人的计划。因此,议会总务官**52**在第一次会议上②就提议设立一种特殊的议会警察,由国民议会本身的预算中的经费维持,完全不受警察局长管辖。内务部长巴罗什提出了抗议,说这是一种侵害他的职权的行为。结果双方达成了可怜的妥协,规定议会警官应由议会预算中的经费维持并由议会总务官任免,但是事先必须取得内务部长的同意。这时,政府已对阿莱提起诉讼,政府方面很容易就把阿莱的供词宣布为凭空捏造,并通过公诉人的嘴把杜班、尚加尔涅、伊雍和整个国民议会嘲笑了一顿。然后,12月29日,巴罗什部长又写信给杜班,要求把伊雍免职。国民议会委员会决定伊雍留任原职,可是国民议会由于自己在莫甘案件中采取了强制性的行动而忐忑不安,它习惯于在每次给予行政权打击后受到它两次

---

① 1850年12月28日晚。——编者注
② 1850年12月29日举行的会议。——编者注

回击,因此没有批准这个决定。国民议会为酬答伊雍的忠诚尽职而免了伊雍的职,因而丧失了自己所享有的一种议会特权,但这种特权对它是十分必要的,因为它所要对付的那个人,不是一个夜间决定白天要干什么的人,而是一个白天作决定夜间采取行动的人。

我们已经看到,国民议会在11月和12月间,总是极力避免和拒绝在重大的、迫切的问题上和行政权进行斗争。现在我们却看到,它不得不为了最微不足道的理由投入战斗。在处理莫甘案件时,它原则上已经允许逮捕负债的人民代表,不过有个条件,即这个原则只能运用于它不喜欢的人民代表身上,它为了这种可耻的特权和司法部长①发生了争执。国民议会没有利用关于有人准备谋杀杜班和尚加尔涅两人的消息要求追查十二月十日会的活动,并在法国和欧洲面前彻底揭穿波拿巴作为巴黎流氓无产阶级首领的真面目,它竟把冲突归结为在警官应由谁任免的问题上跟内务部长的争吵。这样,我们就看到,秩序党在这个时期始终都因自己的模棱两可的态度而不得不把自己反对行政权的斗争缩小为关于权限问题的无谓争吵,变成吹毛求疵、无谓争讼以及关于界限问题的争论,把最无聊的形式问题变成了自己的活动的内容。当斗争具有原则意义,行政权真正名誉扫地,国民议会的事业成为国民的事业的时候,秩序党不敢斗争,因为它如果要斗争,就会对国民发出一种进军令,而发动国民正是它最害怕的事情。因此,在这种场合,它总是否决山岳党的提案而转入日常议程。当秩序党已经放弃了大规模的斗争之后,行政权就静待时机,以便有可能当斗争只具有可以说是议会性的局部利害关系时,借一些无关紧要的理由

---

① 欧·鲁埃。——编者注

重新开始这种斗争。那时秩序党将发泄出满腔的愤怒,拉开后台的幕布,揭开总统的面具,宣布共和国处境危急,然而那时它的热情令人感到荒唐,斗争的理由是一种虚伪的口实或根本不值得斗争的东西。议会的风暴原来不过是一杯水中的风暴,斗争不过是阴谋,冲突不过是吵架。各革命阶级都幸灾乐祸地观望着国民议会受屈辱,因为它们对国民议会的议会特权热心的程度,和国民议会对社会自由热心的程度一样;同时,议会外的资产阶级却不了解,为什么议会内的资产阶级居然把时间浪费在这样琐碎的纠纷上,为什么它竟这样无聊地跟总统对抗,从而危害安宁。当大家都在等候作战的时候进行媾和,而当大家都以为和约已经缔结的时候却又开始进攻,这种战略把议会外的资产阶级弄糊涂了。

12月20日,帕斯卡尔·杜普拉就发行金条彩票一事向内务部长提出质问。这彩票是"来自爱丽舍园的女儿"[83]。波拿巴和他的亲信把它献给人世,而警察局长卡尔利埃则把它置于自己的正式保护之下,虽然法国的法律除了以救济为目的的彩票外禁止发行任何其他彩票。彩票发行了700万张,每张一法郎,所得纯利据说是用来遣送巴黎的游民到加利福尼亚[84]去。一方面是为了用黄金梦来排除巴黎无产阶级的社会主义梦想,用可望中头彩的诱人幻景来驱除作为教义的劳动权。自然,巴黎的工人们没有认出加利福尼亚的耀眼的金条就是从他们口袋里骗去的无光彩的法郎。无论如何,这种彩票不过是一种骗局而已。妄想不离开巴黎就能发现加利福尼亚金矿的游民,正是波拿巴本人和他的负债累累的亲信。国民议会同意给他的300万法郎已经用光,无论如何总得重新填满空虚的钱库。波拿巴为建立所谓的工人村曾向全国募集捐款,并且他自己在认捐名册上第一个认捐了一大笔款子,但他只是徒劳了一番。冷酷的资产者抱着不信任的态度等待他付出认捐的款子；而这笔款子自然是没有付出，于是利用社会主义空中楼阁进行的投机把戏就像肥皂泡一样破灭了。金条的吸引力较大。波拿巴和他的同谋者并不满足于把 700 万法郎中扣除应兑现的金条以后的一部分纯收益装进自己的腰包，他们还制造了假彩票，同一个号码的彩票发出了 10 张、15 张以至 20 张，这真是十二月十日会的金融手段啊！这里，国民议会所碰到的不是名义上的共和国总统，而是有血有肉的波拿巴。这里，国民议会可以在他犯罪——不是违反宪法，而是违反刑法典——的现场把他当场捉住。如果说国民议会以转入日常议程回答了杜普拉的质问，那么，它这样做不只是因为日拉丹要国民议会宣布自己"满意"的提案提醒了秩序党人想起他们自己的一贯的贪污行为。资产者，尤其是高升为政治家的资产者，总是用理论上的浮夸来弥补自己实践上的卑下。资产者身为政治家时，也和同他相对立的国家权力一样，俨然成为至高无上之物，因而与他作斗争时，也只能采取高尚的庄严的方式。

波拿巴是一个浪荡人，是一个骄横的流氓无产者，他比无耻的资产者有一个长处，这就是他能用下流手段进行斗争。现在，在国民议会亲手帮助他顺利地走过了军人宴会、阅兵、十二月十日会以及违反刑法典等几处很容易滑倒的地点以后，他看到，他可以由伪装的防御转为进攻的时刻已经到了。司法部长、陆军部长、海军部长和财政部长①所遭到的那些小小的失败，即国民议会借以表示

---

① 欧·鲁埃、让·保·亚·施拉姆、罗·约·德福塞和阿·富尔德。——编者注

愤懑的失败,很少使波拿巴感到不安。他不仅阻止了部长们辞职,从而阻止了承认行政权服从议会。他现在已经能完成他在国民议会休会期间就已经开始做的事情:军权和议会分立,**把尚加尔涅免职**。

　　爱丽舍宫的一家报纸发表了 5 月间似乎是向第一师颁发的一项紧急命令(因而是出自尚加尔涅的命令),劝告军官们遇有叛乱时不要宽容自己队伍中的叛徒,要立刻将他们枪毙,并且不要按国民议会的要求派遣军队。[85]1851 年 1 月 3 日,内阁因这一紧急命令受到了质问。为了调查这一事件,内阁起初要求的限期是三个月,继则一个星期,最后仅仅是 24 小时,国民议会要求立即予以解释。尚加尔涅站起来声明说:从未下过这个紧急命令。他还补充说,他随时都准备执行国民议会的要求;遇有冲突发生时,国民议会可以信赖他。国民议会以狂热的鼓掌欢迎他的声明,并对他投了信任票。国民议会既委身于一个将军的私人保护之下,也就是放弃了权力,宣告自己的软弱和军队的万能。但是这位将军弄错了,因为他居然想把他只是由于波拿巴的封赏才持有的权力交付给国民议会去反对同一个波拿巴,并且盼望从这个议会,从他的需要保护的被托管者那里获得保护。可是尚加尔涅相信资产阶级从 1849 年 1 月 29 日起赋予他的那种神秘力量。他以为自己是和其他两个国家权力相鼎立的第三个权力。他所遭遇到的命运,也和当代的其他英雄,更确切地说,和当代的圣者们所遭遇到的命运一样,这些人物的伟大只在于他们的党派故意替他们宣扬,而到局势要求他们创造奇迹时,他们就显得平庸无奇了。一般说来,不信神是这些假英雄和真圣者的死敌。因此,他们对那些冷酷无情的讽刺者和讥笑者表示庄严的道义的愤懑。

当晚①,内阁阁员们被召请到爱丽舍宫,波拿巴坚持要撤换尚加尔涅,五个阁员②拒绝署名。《通报》**51**宣布内阁危机,而秩序党的报纸则以组织由尚加尔涅指挥的议会军相威胁。根据宪法,秩序党是有权这样做的。它只要任命尚加尔涅为国民议会议长,并调来任何数量的军队来保护自己的安全就够了。由于尚加尔涅实际上还统率着军队和巴黎国民自卫军,并且正等待和军队一起被调用,所以秩序党是可以更加放心地这样做的。波拿巴派的报纸甚至还不敢对国民议会直接调动军队的权利提出疑问,提出这种法律上的问题在当前局势下是不会有什么成效的。军队将听从国民议会调遣,这是可能的,要知道,波拿巴花了整整一个星期的时间才在巴黎找到两位将军(巴拉盖·狄利埃和圣让·丹热利)愿意在把尚加尔涅撤职的命令上签名。但是秩序党本身是否能在自己的队伍中和议会里找到通过这样一个决议所必需的票数,就很成问题了,要知道,过了一个星期就有286个议员脱离了秩序党,而且山岳党甚至在1851年12月,在最后的决定性的时刻还否决了一个类似的提议。不过,卫戍官们这时也许还能发动他们党内的群众去建立丰功伟绩,即藏身于枪林之后,并利用投到它阵营中的军队的帮助。可是,卫戍官先生们并没有这样做,1月6日晚上他们到爱丽舍宫去,希望用政治手段和论据规劝波拿巴放弃把尚加尔涅撤职的决定。劝谁就是承认谁是主事人。波拿巴由于卫戍官们的这种做法而增加了勇气,1月12日任命了新内阁,旧内阁的首领富尔德和巴罗什两人继续留任。圣让·丹热利当了陆军部

---

① 1851年1月3日晚。——编者注
② 皮·茹·巴罗什、罗·约·德福塞、让·厄·杜·拉伊特、玛·路·皮·费·帕略和欧·鲁埃。——编者注

长。《通报》刊载了把尚加尔涅撤职的命令,他的职权划分给指挥第一师的巴拉盖·狄利埃和指挥国民自卫军的佩罗了。社会中坚退职了,这虽然并没有使一块瓦片从屋顶上掉下来,但是使交易所的行情上涨了。

秩序党既然推开了由尚加尔涅作代表表示愿意听它指挥的军队,因而把这个军队永不复返地让给了总统,这就表明资产阶级已经丧失了统治的使命。议会制内阁已经不存在了。秩序党现在既已丧失了控制军队和国民自卫军的权力,那么它还剩下什么强制手段来同时保持议会用以统治人民的篡夺来的权力和议会用以防止总统侵犯的宪法的权力呢? 什么也没有了。它现在只好求助于一些无力的原则,就连它自己也经常把这些原则看做只是责成第三者遵守而使自己能更加从容行动的一般规则。我们所研究的时期,即秩序党和行政权斗争的时期的前一部分,就以尚加尔涅被撤职和军权落入波拿巴之手而结束。现在,两个权力之间的战争已经正式宣布并且已在公开进行,不过是在秩序党既失去武器又失去士兵以后罢了。国民议会已经没有内阁,没有军队,没有人民,没有社会舆论,从5月31日通过选举法起就不再是有主权的国民的代表者了;没有眼睛,没有耳朵,没有牙齿,没有一切,①逐渐变成了一个**旧法国高等法院**[86],它让政府去行动,自己则满足于在事后发出唠叨的抗议。

秩序党以狂怒迎接了新内阁。贝多将军提醒大家记住常任委员会在议会休会期间的温和态度,记住它由于过分慎重而拒绝把

---

① 莎士比亚《皆大欢喜》第2幕第7场。——编者注

自己的议事记录公布出来。这时内务部长①自己也坚持公布这些记录,因为这些记录现在当然就像不新鲜的水一样已经走味,它暴露不出任何新的事实,对于厌倦的公众也不会有任何影响了。根据雷缪扎的建议,国民议会回到自己的办公室,任命了一个"非常措施委员会"。巴黎未越出自己平常生活的常轨一步,尤其是因为这时贸易繁荣,工厂开工,粮价低廉,食品丰富,储蓄银行每天都收到新存款。议会所喧嚷的"非常措施",不过是在1月18日通过了对内阁的不信任案罢了,而关于尚加尔涅将军连提都没有提到。秩序党不得不这样来提出自己的不信任案,是为了保证自己取得共和党人的票数,因为在内阁的一切措施中,共和党人只赞成尚加尔涅被撤职一项,而秩序党实际上也不能非难其余的措施,因为这些措施是它自己迫使内阁采取的。

1月18日的不信任案以415票对286票通过,就是说,只是由于极端的正统派和奥尔良派**21**同纯粹共和党人**22**和山岳党人的**联合**才得以通过。这就证明,秩序党不只失去了内阁,不只失去了军队,而且在自己和波拿巴的冲突中失去了自己的独立的议会多数;由于狂热地倾向妥协,由于害怕斗争,由于软弱,由于顾及亲属而眷恋国家薪俸,由于指望获得阁员的空缺(如奥迪隆·巴罗),由于那种经常使平庸的资产者为某种个人动机而牺牲本阶级的总的利益的庸俗的利己主义,一部分议员已经从秩序党阵营中开了小差。波拿巴派的议员们从最初起就只是在对革命进行斗争时才依附于秩序党。天主教党的首领蒙塔朗贝尔在那时已经把他个人的势力投到波拿巴方面,因为他已不相信议会党的生命力了。最后,

---

① 皮·茹·巴罗什。——编者注

这个党的首领们,奥尔良派的梯也尔和正统派的贝里耶,不得不公开宣称自己是共和派,不得不承认,虽然他们的心是保皇派,而头却是共和派,议会制共和国是整个资产阶级实行统治的唯一可能的形式。因此,他们不得不在资产阶级眼前把他们在议会背后继续努力从事的复辟计谋咒骂为危险而愚蠢的阴谋。

1月18日的不信任案是对内阁阁员的打击,而不是对总统的打击。可是撤换尚加尔涅的并不是内阁,而是总统。秩序党不应当向波拿巴本人问罪吗?不应当以他的复辟欲望作为罪名吗?可是,这种复辟欲望只不过是补充了秩序党自己的复辟欲望罢了。不应当以他在阅兵和十二月十日会中的阴谋活动作为罪名吗?可是秩序党早已把这些问题埋葬在一堆日常议程下面了。不应当以他撤换1月29日和6月13日的英雄,即撤换1850年5月曾威胁遇有叛乱发生时就四处放火烧光巴黎的那个人作为罪名吗?可是,秩序党的山岳党同盟者和卡芬雅克甚至根本不让它以正式表示同情来把倒台的社会中坚扶起来。秩序党自己不能否认总统拥有宪法赋予他的撤换将军的权力。秩序党之所以气愤,只是因为总统把宪法赋予他的权力当做反对议会的手段。可是,秩序党自己岂不是也不断地(特别是在废除普选权时)把它的议会特权当做违反宪法的手段吗?因此,秩序党只好严格地在议会范围内活动。1848年以来,在全欧洲大陆上流行着一种特殊的病症,即**议会迷**[87],染有这种病症的人就变成幻想世界的俘虏,失去一切理智,失去一切记忆,失去对外界世俗事物的一切理解——只有这种议会迷才可以说明,为什么秩序党在它已亲手消灭了议会势力的一切条件并在它反对其他阶级的斗争中不得不消灭了这些条件之后,仍然把它的议会胜利看做胜利,并且以为打击了总统的内阁阁员也就是打击了总统本人。这样,秩序党只是让总统得到一次机会在国民面前重新凌辱国民议会罢了。1月20日,《通报》报道说,内阁全体辞职已被批准。波拿巴以已经没有一个议会党占据多数(这一点已由1月18日的投票,即山岳党和保皇党联合产生的果实所证明),而新的多数又尚待形成为借口,任命了一个所谓的过渡内阁,其中没有一个人是议会议员,全都是些毫不知名的和微不足道的人物,这是个纯粹由一些听差和文书组成的内阁。秩序党现在可以把自己的精力花费在跟这些傀儡打交道上面了;而行政权则不再认为自己在国民议会中需要有什么认真的发言人了。波拿巴的内阁阁员越是成为单纯的哑配角,波拿巴就越是明显地把全部行政权集中在他一人身上,越容易利用行政权来达到个人目的。

为了报复,秩序党和山岳党联合起来,否决了给予总统180万法郎补助金的提案,这个提案是由十二月十日会的首领命令他的听差阁员们提出来的。这一次,问题是由不过102票的多数票决定的,由此可见,秩序党从1月18日以来又丧失了27票;它的解体又进了一步。同时,为了使人不致对它和山岳党联合的用意发生丝毫怀疑,它甚至对189名山岳党人联名提出的关于大赦政治犯的议案不屑一顾。只要那个叫做瓦伊斯的内务部长出来声明说,安宁只是表面的安宁,有人在加紧进行秘密鼓动,到处都有人组织秘密团体,民主派报纸又准备重新出版,从各省传来不利的消息,日内瓦的流亡者正在主持一个通过里昂遍及法国南部全境的阴谋活动,法国处于工商业危机的前夜,鲁贝市的厂主们缩短了工作时间,贝勒岛[88]的囚犯已经骚动起来——只要瓦伊斯这么一个人唤来赤色幽灵,秩序党不经讨论就立刻否决了一个将使国民议会获得极大的声望并迫使波拿巴重新投入它的怀抱的提案。秩序党本来不应当被行政权所描绘的新骚动的远景吓住，而应当让阶级斗争有些活动余地，以便把行政权控制在从属于自己的地位。可是，秩序党没有感觉到自己有能力担负这种玩火的任务。

可是，所谓的过渡内阁却一直勉强维持到4月中旬。波拿巴不断地以组织新内阁的把戏来搅扰和愚弄国民议会。他时而表示要组织一个有拉马丁和比约参加的共和党内阁，时而表示要组织一个不免要有奥迪隆·巴罗（凡是需要有个易于愚弄的蠢材时总是少不了他）参加的议会制内阁，时而又表示要组织一个有瓦蒂梅尼尔和贝努瓦·达济参加的正统派内阁，时而又表示要组织一个有马尔维尔参加的奥尔良派内阁。波拿巴用这种方法使秩序党各派之间的关系处于紧张状态，并以共和党内阁的出现以及因此必然会使普选权恢复的远景来恫吓整个秩序党，同时又竭力让资产阶级相信，他组织议会制内阁的真诚努力由于保皇派集团的不调和态度而受挫。而日益逼近的普遍商业危机越是为社会主义在城市中招募信徒，低落得招致破产的粮价越是为社会主义在农村中招募信徒，资产阶级就越是响亮地要求"强有力的政府"，越是认为使法国陷于"没有行政"的状态是不可宽恕的。商业萧条日益加重，失业者显著增多，巴黎至少有上万的工人没有饭吃，在鲁昂、米卢斯、里昂、鲁贝、图尔宽、圣艾蒂安、埃尔伯夫等地，无数的工厂停了工。在这种情况下，波拿巴就敢于在4月11日恢复了1月18日的内阁，除了鲁埃、富尔德、巴罗什及其他先生们而外，还添进了莱昂·福适先生，这个福适先生曾因散发伪造的电讯而被制宪议会在最后几天一致（除五个内阁阁员外）投了不信任票。这样，国民议会曾在1月18日取得了对内阁的胜利，它和波拿巴斗了三个月,只不过是为了在4月11日让富尔德和巴罗什能够把清教徒[35]福适当做第三者接受到自己的内阁同盟中去而已。

1849年11月,波拿巴满足于**非议会制**内阁,1851年1月,他满足于**超议会制**内阁,而到4月11日,他已经觉得有充分的力量来组织一个**反议会制**内阁了,这一内阁把两个议会——制宪议会和立法议会,即共和派议会和保皇派议会所表示的不信任协调地结合在自己身上。内阁的这种演变,是议会可以用来测定其体温下降的温度计。这种体温到4月底已经降得非常之低,以致佩尔西尼能够在私人谈话中建议尚加尔涅投到总统方面去。他向尚加尔涅保证:波拿巴认为国民议会的势力已经彻底被消灭,并且已经拟定了预备在政变后发表的宣言,这个政变已经经过深思熟虑,只是由于偶然的原因才又延迟下来。尚加尔涅把这个讣告通知了秩序党的首领们。但是谁会相信臭虫咬人能致人于死命呢?议会虽然已经虚弱无力,完全瓦解,奄奄一息,但是它毕竟还不能使自己把和十二月十日会[79]的小丑一般的头目的决斗看做一种不同于和臭虫的决斗。然而波拿巴像阿革西拉乌斯回答国王亚奇斯那样回答了秩序党:"你把我看做蚂蚁,但是总有一天我会成为狮子的。"[89]

六

秩序党[47]在徒劳地力图保持军权和夺回已经丧失的对于行政权的最高领导权时，不得不去跟山岳党[6]和纯粹共和党人进行联合，这就确凿地证明，秩序党已经失去了独立的**议会多数**。日历的无情的力量、钟表的时针，在5月28日发出了秩序党彻底瓦解的信号。5月28日是国民议会生命的最后一个年头的开始。国民议会现在必须解决一个问题：是原封不动地保存宪法呢，还是把它加以修改。但是，修改宪法就不只意味着，是资产阶级统治还是小资产阶级民主派统治，是民主主义还是无产阶级无政府状态，是议会制共和国还是波拿巴，而且意味着，是奥尔良王朝[25]还是波旁王朝！这样，在议会内部就出现了厄里斯的金苹果，秩序党内利益彼此矛盾的各个敌对派别将围绕着它展开公开的斗争。秩序党是各种不同社会成分的结合体。修改宪法的问题造成了一种政治热度，它使这个产物重又分解为它原来的各个构成部分。

波拿巴派关心修改宪法的原因很简单。他们首先想废除禁止再度选举波拿巴的第45条和延长他的权力期限。共和派的立场也很简单。他们无条件地反对任何修改，认为修改宪法是反对共和国的周密的阴谋。因为他们在国民议会中拥有**四分之一以上的票数**，而依照宪法又必须要有四分之三的票数赞成才能合法地决定修改宪法和召集修改宪法的专门会议,所以他们只要计算一下自己的票数,就可以相信自己必获胜利了。他们当时确实是相信自己一定会胜利的。

和这些明确的立场相反,秩序党陷入了无法解决的矛盾中。如果它拒绝修改宪法,它就会使现状受到威胁,因为这样就会使波拿巴只有使用暴力一个出路,并且会使法国在1852年5月的第二个星期日这个决定时刻听任革命的无政府状态摆布,那时,总统是失去了权威的总统,议会是早已没有权威的议会,人民则是企图重新争得权威的人民。如果它投票支持按照宪法修改宪法,那么它知道自己的投票是枉然的,一定会被共和派按照宪法进行的否决所推翻。如果它违背宪法,宣布只要有简单多数通过就够了,那么它就只有在自己完全服从行政权的条件下才能有希望制服革命;这样它就把宪法、宪法的修改和它本身一并交给波拿巴掌握了。为延长总统权力而作局部的修改,将为帝制派篡夺权力开辟道路。为缩短共和国寿命而作全面的修改,又必然会引起各个王朝的要求之间的冲突,因为波旁王朝复辟的条件和奥尔良王朝复辟的条件不仅各不相同,而且是互相排斥的。

议会制共和国已不仅是法国资产阶级中的两派(正统派与奥尔良派[21],即大地产与工业)能够平分秋色的中立地盘。它还是他们**共同**进行统治的必要条件,是他们的共同阶级利益借以支配资产阶级各派的要求和社会其他一切阶级的唯一的国家形式。作为保皇派,他们又重新陷入他们旧有的对抗状态,卷入地产和金钱争夺霸权的斗争,而这种对抗状态的最高表现,这种对抗状态的化身,就是他们各自的国王,他们各自的王朝。正因为如此,秩序党总是反对**召回波旁王族**。

奥尔良派的人民代表克雷通,在 1849 年、1850 年和 1851 年曾定期地建议废除放逐王族的法令。议会同样定期地表演保皇派集会顽强地阻挡其被逐国王返国的场面。理查三世在杀死亨利六世时曾对他说,他太好了,这个尘世容纳不了他,他的位置在天上。① 保皇派认为法国太坏了,不配再有自己的国王。形势迫使他们成为共和派并一再认可人民作出的把他们的国王逐出法国的决定。

修改宪法(而这个问题由形势所迫又不得不加以考虑)不仅会使共和国成为问题,而且会使资产阶级两派的共同统治成为问题;不仅会使君主国有恢复的可能,而且会复活君主国曾轮流优先代表的那些利益之间的竞争,复活两派之间争夺霸权的斗争。秩序党的外交家们希望以两个王朝的结合,即以各个保皇派和它们的王室的所谓**融合**来中止这一斗争。复辟王朝和七月王朝**25**的真正融合便是议会制共和国,在这一共和国中,奥尔良派和正统派双方的色彩都脱落了,各类的资产者都消融为一般的资产者,消融为资产者这个类属了。现在奥尔良派应当变成正统派,正统派应当变成奥尔良派。体现着他们的互相对抗的君主国,应当成为他们彼此统一的化身;他们互相排斥的派别利益的表现,应当成为他们的共同的阶级利益的表现;这个君主国应当完成只有在废除两个君主国的情况下共和国才能完成和已经完成的任务。这就是秩序党的术士们绞尽脑汁制造出来的哲人之石。仿佛正统派的君主国可能在什么时候变成工业资产者的君主国,或是资产者王权可能在什么时候变成世袭土地贵族的王权。仿佛地产和工业能够在**同**

---

① 莎士比亚《理查三世》第 1 幕第 2 场。——编者注

一顶王冠下面称兄道弟,可是王冠只能落到一个人头上——不是落到哥哥头上,就是落到弟弟头上。仿佛在地产还没有决心自动变成工业财产以前,工业可以完全和地产和解。如果亨利五世明天逝世,巴黎伯爵不会因此就成为正统派的国王,除非他不再是奥尔良派的国王。但是,从事融合的哲人随着宪法修改问题被提到突出地位而自我膨胀起来,把《国民议会报》[90]变成自己的正式的机关日报,并且现在(1852年2月)又在努力活动——这些哲人认为一切困难都是由于两个王朝的对抗和竞争。想使奥尔良王室和亨利五世和解的尝试,从路易-菲力浦逝世时就已经开始,但这种尝试也像只是在国民议会休会期间,在幕间休息时,在后台进行的一切王朝阴谋一样,与其说是郑重的事情,不如说是对旧日的迷信暗送秋波,这种尝试现在已经变成大型政治历史剧[63],秩序党已经不像以前那样把它当做票友戏,而是把它搬上公开的舞台。信使不断从巴黎奔到威尼斯①,再从威尼斯奔到克莱尔蒙特[62],又从克莱尔蒙特奔到巴黎。尚博尔伯爵发表了一个宣言,他在这个宣言中"在他全家族的支持下",宣布"国民的",而不是他自己的复辟。奥尔良派的萨尔万迪跪倒在亨利五世脚下,正统派的首领贝里耶、贝努瓦·达济和圣普里跑到克莱尔蒙特去劝说奥尔良王室,但是徒劳无功。融合派在太晚的时候才觉察到,资产阶级两派的利益既然集中地表现为家族利益即两个王室的利益,那么它们的利益就会互相排斥,而不会互相通融。假定亨利五世承认巴黎伯爵是他的继承人(这是融合派在最好的情况下所能指望的唯一成就),那么奥尔良王室除了因亨利五世没有后嗣本来就一定能够获得的

---

① 19世纪50年代尚博尔伯爵住在威尼斯。——编者注

东西外，并不会获得别的权利，可是它会因此丧失它从七月革命[25]获得的一切权利。奥尔良王室将放弃自己旧日的要求，放弃它在差不多100年的斗争中从波旁王室长系手里夺得的一切权利，它将要为了宗族的特权而放弃自己的历史特权，即现代君主国的特权。所以，融合无非就是奥尔良王室自愿退让，向正统派让权，忏悔地从新教国教后退到天主教国教。这种后退甚至不可能把奥尔良王室送上它所失去的王位，而只能把它送上它诞生时所占据的通向王位的台阶。旧日的奥尔良派阁员基佐、杜沙特尔等人，也赶快跑到克莱尔蒙特那里去为融合游说，实际上他们只是表现了对七月革命的悔恨，表现了对资产者王权和资产者所拥有的王权的失望，表现了对正统派的迷信，把它作为防止无政府状态的最后的护符。他们自命为奥尔良王室和波旁王室之间的调停者，事实上他们只不过是奥尔良派的变节分子，而茹安维尔亲王就是把他们当做这种人来看待的。然而，奥尔良派富有生命力的、好战的那部分人，如梯也尔、巴兹等，却因此更容易使路易-菲力浦家族确信，既然君主制的任何直接的复辟都要以两个王朝的融合为前提，而任何这样的融合又都要以奥尔良王室引退为前提，那么，暂且承认共和国，等到事变允许把总统的安乐椅变成王位时再说，这样做是和他们先辈的传统完全相适合的。起初有传言说茹安维尔要当共和国总统的候选人，公众的好奇心被激发起来了，过了几个月，到9月间，在宪法修改案已被否决以后，这个候选人就被公开宣布了。

这样一来，奥尔良派和正统派之间搞保皇主义融合的尝试，不仅遭到了失败，而且还破坏了他们在**议会中的融合**，破坏了把他们联合起来的共和国形式，把秩序党又分解成原来的各个构成部分。

但是，克莱尔蒙特和威尼斯之间越是疏远，它们之间的和解越是近于破裂，支持茹安维尔的煽动越是加紧，波拿巴的内阁阁员福适和正统派之间的谈判，也就越是热烈，越是认真了。

秩序党的解体还不止于分解成原来的构成部分。这两大派别中的每一派，又都继续分解下去。看来，先前两大营垒中的每一个营垒（不论是正统派或奥尔良派）内部曾经互相斗争互相排斥的一切旧有色彩，如同干纤毛虫碰到了水一样，又都重新活起来了。看来，他们又重新获得了充分的生命力，能够形成具有互相对立的独立利益的各个派别了。正统派在梦中回味土伊勒里宫和马松阁之间的争吵、维莱尔和波林尼雅克之间的争吵。[91]奥尔良派重温基佐、摩莱、布罗伊、梯也尔和奥迪隆·巴罗之间比武的黄金时代。

秩序党中有一部分人赞成修改宪法，可是对于修改的范围，他们的意见并不一致。在这部分人中，有贝里耶和法卢为一方、拉罗什雅克兰为另一方所领导的正统派，有摩莱、布罗伊、蒙塔朗贝尔和奥迪隆·巴罗所领导的那些疲于斗争的奥尔良派；这部分人和波拿巴派的议员一致提出了如下一个含义广泛而不明确的建议：

"下面署名的议员建议对宪法进行修改，目的在于把国民主权的完整行使权还给国民。"①

同时，这些议员通过自己的报告人托克维尔一致声称：国民议会无权建议**废除共和国**，这个权利只能属于为修改宪法而召集的议会。此外，他们声称，宪法只能在"**合法的**"基础上，就是说，只有在按照宪法规定的四分之三多数票赞成修改时才能修改。经过六天的激烈讨论之后，7月19日，宪法修改案果然被否决了。赞

---

① 见 1851 年 5 月 31 日《经济学家》第 405 期。——编者注

成修改的有 446 票,反对修改的有 278 票。极端的奥尔良派梯也尔、尚加尔涅等人在表决时和共和派及山岳党采取了一致行动。

这样,议会的多数表示反对宪法,而宪法本身却表明支持议会的少数,表明议会少数的决议是具有约束力的。可是,秩序党在 1850 年 5 月 31 日和 1849 年 6 月 13 日不是曾经使宪法服从议会多数吗? 它以前的全部政策不都是以宪法条文服从议会多数决议为基础的吗? 它不是曾经让民主派以迷信旧约的态度去对待法律的字眼,并因为这种迷信而处罚了民主派吗? 可是目前,修改宪法无非就是要延长总统掌权的期限,而延长宪法的寿命无非就是要罢免波拿巴。议会表示拥护波拿巴,而宪法表明反对议会。所以,当波拿巴撕毁宪法时,他的行动是合乎议会精神的,而当他解散议会时,他的行动又是合乎宪法精神的。

议会宣布了宪法,同时也就是宣布议会本身的"不依靠多数"的统治;议会以自己的决议废除了宪法,延长了总统掌权的期限,同时也就是宣布,只要它本身还继续存在,宪法就不可能死亡,总统的权力也不可能生存。它未来的掘墓人已经站在门前了。当议会正忙于讨论修改宪法的问题时,波拿巴撤销了表现得不坚决的巴拉盖·狄利埃将军第一师指挥官的职务,任命马尼昂将军继任该职,这位将军是里昂的胜利者[66],十二月事变的英雄,波拿巴的爪牙之一,早在路易-菲力浦时期就由于布洛涅征讨事件而在某种程度上代替波拿巴出了丑。

秩序党关于修改宪法的决议表明,它既不能统治,又不能效劳;既不能生,又不能死;既不能容忍共和国,又不能推翻共和国;既不能维护宪法,又不能废除宪法;既不能和总统合作,又不能和总统决裂。它究竟是期待谁来解决一切矛盾呢? 期待日历,期待事变的进程。它不再相信自己有能力控制事变。因此,它就把自己交给事变支配,交给一种力量支配,它在反对人民的斗争中已经向这种力量让出了一个又一个阵地,直至它自己在这种力量面前变得毫无权力为止。为了使行政权的首脑能够更顺利地拟订出对付它的战斗计划,加强自己的进攻手段,选择自己的工具和巩固自己的阵地,秩序党在这个紧急关头决定退出舞台,使议会从8月10日到11月4日休会三个月。

不仅议会党分裂为原来的两大集团,不仅其中的每一个集团又各自再行分裂,而且议会内的秩序党和议会外的秩序党也分裂了。资产阶级的演说家和作家,资产阶级的讲坛和报刊,一句话,资产阶级的意识形态家和资产阶级自己,代表者和被代表者,都互相疏远了,都不再互相了解了。

外省的正统派,由于眼界狭小和过分狂热,责备他们的议会领袖贝里耶和法卢投奔波拿巴阵营和背叛了亨利五世。他们的百合花[59]的头脑只相信造孽行为,不相信外交手腕。

商业资产阶级和它的政治家之间的分裂更加危险,更具有决定性的意义。正统派责备自己的政治家背弃了原则,而商业资产阶级却正好相反,责备自己的政治家固守已经变得无用的原则。

前面我已经指出,自从富尔德加入内阁以来,那一部分在路易-菲力浦时期握有绝大部分权力的商业资产阶级,即**金融贵族**,已经变成波拿巴派了。富尔德不仅在交易所中维护波拿巴的利益,而且也在波拿巴面前维护交易所的利益。关于金融贵族的态度,他们的欧洲机关刊物即伦敦的《经济学家》[92]杂志中的一段话作了最贴切的说明。这个杂志在1851年2月1日那一期上发表了如下的巴黎通讯：

"现在我们从各方面都得到证实，法国要求的首先是安宁。总统在他致立法议会的咨文中声明了这一点；国民讲台上也有人响应了这一点；报纸上再三重复说到这一点；教堂的教坛上也宣扬这一点；**国债券对于最小的破坏安宁的事件的敏感及其在行政权每次获胜时的稳定，也证明这一点。**"

《经济学家》杂志在 1851 年 11 月 29 日那一期上以自己的名义宣称：

"在欧洲所有的证券交易所中，总统现在已被公认为秩序的卫士。"

可见金融贵族指责秩序党对行政权进行的议会斗争是**破坏秩序**，而把总统对秩序党那些所谓的代表的胜利当做**秩序的胜利**来欢呼。这里所说的金融贵族，应当理解为不只是那些国债的大债权人和大投机者，这些人的利益当然是和国家政权的利益相吻合的。全部现代金融业、全部银行业，都是和公共信用极为密切地联系在一起的。银行的部分营业资本必然要投入容易兑现的国债券以收取利息。银行存款，即交给银行并由银行在商人和工业家之间分配的资本，有一部分是从国债债权人的红利中得来的。既然在一切时代国家政权的稳定对整个金融市场和这种金融市场的牧师们来说是摩西和先知，那么现在，当任何大洪水都有把旧国债同旧国家一齐从地面上冲掉的危险时，又怎能不是这样呢？

狂热地渴望秩序的**工业资产阶级**，也对议会内的秩序党和行政权争吵不休感到烦恼。梯也尔、昂格勒斯、圣贝夫等人在 1 月 18 日因尚加尔涅免职事件投票以后，也受到他们的选民们（而且正是工业区的选民）的公开谴责，特别是他们跟山岳党成立联盟的行为被指斥为背叛秩序。如果说，像我们已经看到的，秩序党和总统的斗争不过是些言过其实的嘲弄和琐屑无聊的攻讦,不配受到好的待遇,那么,另一方面,对这部分要求自己的代表们顺从地把军权从自己的议会手中奉送给冒险的王位追求者去掌握的资产阶级,就连那些曾为他们的利益而采用过的攻讦手段也不值得采取了。这部分资产阶级表明,为了保持他们的**公共利益**、他们本**阶级的利益**、他们的**政治权力**而进行的斗争,是有碍于他们私人的事情的,因而只是使他们感到痛苦和烦恼。

当波拿巴巡游各地时,外省城市的资产阶级显贵、市政官员、商业法庭的法官等等,到处都几乎毫无例外地以极卑屈的态度迎接他,甚至当他在第戎肆无忌惮地攻击国民议会,特别是攻击秩序党的时候,也是这样欢迎他。

当商业情况良好的时候(1851 年初还是这样),商业资产阶级激烈地反对任何议会斗争,生怕这种斗争会使商业吃亏。当商业情况不好的时候(从 1851 年 2 月底起已成为经常现象了),商业资产阶级就抱怨议会斗争是商业停滞的原因,并要求为了活跃商业停止这种斗争。关于修改宪法的讨论恰好发生在这种不景气的时期。因为当时涉及到现存政体的生死存亡问题,所以资产阶级就更有理由要求它的代表们终止这种痛苦的过渡状态,同时又保持现状。这里面没有任何矛盾。它所理解的终止过渡状态,正是延长过渡状态,将应当做出决断的时刻拖延到遥远的将来。保持现状只能有两种方法:一是延长波拿巴掌权的期限,一是让波拿巴按照宪法退职,选出卡芬雅克来。一部分资产阶级倾向于后一种解决方法,可是他们除了叫他们的代表保持沉默,不去触动这个迫切的问题以外,提不出更好的建议。他们以为,如果他们的代表不出来讲话,波拿巴就不会行动了。他们希望有一个为了不让人看见而把头藏起来的鸵鸟议会。另一部分资产阶级希望让已经坐在总统位子上的波拿巴留任总统,一切照旧不变。他们感到愤慨的是,他们的议会没有公开违背宪法和率直地放弃权力。

在国民议会休会期间,从8月25日起先后召开会议的各省委员会(大资产阶级的地方代议机关),几乎一致表示赞成修改宪法,即反对议会,拥护波拿巴。

资产阶级对于自己的著作界代表和自己的报刊所表现的愤怒,比它跟**议会代表们**的破裂更为明显。只要资产阶级的新闻记者抨击一下波拿巴篡夺权力的欲望,只要报刊企图保护一下资产阶级的政治权利不受行政权侵害,资产者陪审团就判以数额异常巨大的罚款和不光彩的监禁,这种情况不仅使法国,而且使整个欧洲都感到惊愕。

前面我已经指出,**议会内的秩序党**由于叫嚣要安宁而自己也得安宁,它在反对其他社会阶级的斗争中亲手破坏了自己的制度即议会制度的一切条件,从而宣布资产阶级的政治统治同资产阶级的安全和生存是不相容的,相反,**议会外的资产阶级群众**却对总统奴颜婢膝,诋毁议会,粗野地对待自己的报刊,要求波拿巴压制和消灭资产阶级中从事宣讲和写作的分子,即资产阶级的政治家和著作家、资产阶级的讲坛和报刊,以便能够在不受限制的强硬的政府的保护下安心地从事他们私人的事情。议会外的资产阶级毫不含糊地声明说,它渴望摆脱自己的政治统治地位,以便摆脱这种统治地位带来的麻烦和危险。

这个议会外的资产阶级,对于为它本阶级的统治而进行的单纯的议会斗争和文字斗争表示激愤,并且出卖了这一斗争的领袖人物;但是现在它却敢于在事后责备无产阶级没有为它进行你死我活的流血战斗！这个资产阶级时刻都为最狭小最卑鄙的私人利益而牺牲自己的全阶级的利益即政治利益,并且要求自己的代表人物也作同样的牺牲;但现在它却哀叫无产阶级为了自己的物质利益而牺牲了它的理想的政治利益。它装得像个好心肠的人,而被社会主义者引入歧途的无产阶级却不了解它,并且在紧要关头抛弃了它。它的这种哀叫在整个资产阶级世界中得到了普遍的共鸣。自然,这里我不是指德国那些小政客和浅学之辈。我指的是例如前面提到过的那个《经济学家》杂志。这个杂志在1851年11月29日,即政变前四天还宣布波拿巴是"秩序的卫士",而梯也尔和贝里耶是"无政府主义者",到1851年12月27日,当波拿巴驯服了这些无政府主义者之后,它又大叫大喊,说什么"无知的、没有教养的、愚蠢的无产阶级群众"背叛了"社会中等和上等阶层的才能、知识、纪律、精神影响、智力源泉和道德威望"。而愚蠢、无知和卑鄙的一群不是别人,正是资产阶级本身。

的确,法国在1851年是遭受了一次小小的商业危机。2月底,出口比1850年减少了;3月,商业衰落,工厂关闭;4月,各工业省的情况好像和二月事变后一样令人失望;5月,情况还没有好转;6月28日,法兰西银行的结算仍以存款数量猛增和贴现数量锐减表明了生产的停滞;直到10月中旬,情况才逐渐好转。法国资产阶级把这种商业停滞说成是纯粹由于政治原因,由于议会和行政权之间的斗争,由于临时政体的不稳定,由于1852年5月第二个星期日[17]的可怕远景。我并不否认所有这些情况都对巴黎和各省的某些工业部门的衰落有影响。但是,无论如何这种政治局势的影响只是局部的,而且是很微小的。商业开始好转正是在10月中旬,恰好是在政治局势恶化、政治的地平线上笼罩着乌云、每分钟都可能从爱丽舍园[83]打来霹雳的时候,这还不足以说明问题吗?虽然法国的资产者所具有的"才能、知识、洞察力和智力源泉"越不出他们自己的鼻尖,但是他们在伦敦工业博览会[93]整个会期内总能用鼻子触到自己的商业情况不利的原因吧。当法国工厂关闭的时候,英国爆发了商业破产。法国在4月和5月达到顶点的是工业恐慌,而英国在4月和5月达到顶点的则是商业恐慌。无论是在法国或英国,毛纺织业和丝纺织业的情况都很不妙。虽然英国的棉纺织工厂还在继续生产,但是它们所获得的利润已不像1849年和1850年那样大了。不同点只在于法国发生的是工业危机,而英国发生的则是商业危机;法国是工厂关闭,而英国则是生产扩大,不过是在不如前几年那样顺利的条件下扩大的;在法国,受打击最重的是出口,而在英国则是进口。其共同原因(当然不应在法国政治地平线的范围内去寻找)是显而易见的。1849年和1850年是物质大繁荣和生产过剩的两个年头,这种生产过剩本身直到1851年才显露出来。这年年初,生产过剩因工业博览会即将举行而特别加重了。除此以外,还有下面一些特殊情况:起初是1850年和1851年的棉花歉收,然后是人们确信棉花的收成会比预期的好,棉价起初是上涨,后来突然跌落,一句话,就是棉价涨跌不定。生丝产量至少在法国是低于平均产量。最后是毛纺织业自1848年以来飞速发展,使得羊毛的生产跟不上,而原毛的价格上涨与毛纺织品的价格相比非常不相称。这样,我们就在上述三个世界性工业部门所需的原料方面找到引起商业停滞的三重原因。除了这些特殊情况以外,1851年的表面上的危机,无非是在生产过剩与过度投机还未用尽所有力量疯狂地跑完工业循环的最后阶段并重新回到自己的出发点,即回到**普遍的商业危机**去以前,每次在工业循环中都会造成的那种停顿。在商业史上的这种间隙时期中，英国发生了商业的破产，而法国却是工业本身陷于停顿，这一方面是由于当时法国工业已经经受不住英国人的竞争而被排挤出所有的市场，另一方面是由于法国工业是奢侈品工业，每当出现商业的停滞，它都首当其冲。这样一来，法国除了普遍危机之外，还经受本国的商业危机，不过，这种商业危机为世界市场一般情况所决定和制约的程度，比它受法国地方影响决定和制约的程度要大得多。这里不妨把英国资产者的推断拿来和法国资产者的偏见对比一下。利物浦的一家大商行在1851年的年度商业报告中写道：

"很少有哪一年像刚刚过去的这一年这样辜负人们年初对它所寄托的希望了。这一年不但没有大家一致预期的大繁荣，反而成了最近25年来最令人沮丧的年头。这自然只是对商业阶级，而不是对工业阶级而言。可是，在这年年初，无疑是有可靠的根据来预期相反的情形：产品库存很少，资本充足，食品价格低廉，秋季丰收在望；在大陆有稳固的和平，在本国又没有任何政治上或财政上的困难，的确，看来商业是完全可以展翅高飞的……　这一不幸的结果究竟应归罪于什么呢？我们认为应归罪于进出口**贸易额过分庞大**。如果我们的商人自己不把自己的活动限制在较狭小的范围内，那么，除了三年一度的恐慌以外，什么东西也不会使我们保持均衡。"[1]

现在我们想象一下法国资产者在这种商业恐慌中的情形：他们的生意经的病态头脑每天都被这样一些东西所折磨、搅扰和麻痹，这就是关于政变和恢复普选权的种种谣传、议会和行政权的斗争、奥尔良派和正统派的攻讦、法国南部共产主义的密谋活动、涅夫勒省和谢尔省臆想的农民起义、各个总统候选人的自吹自擂、报纸上各种大肆宣扬的口号、共和派要以武力保卫宪法和普选权的

---

[1]　见1852年1月10日《经济学家》第437期。——编者注

威胁、流亡国外的英雄们预告 1852 年 5 月的第二个星期日将是世界末日的文告，这样我们就可以理解，为什么资产者在融合、修改、延期、宪法、密谋、联合、亡命、篡权和革命等难以形容的喧嚣的混乱中气急败坏地向自己的议会制共和国喊道："**无终结的恐怖，还不如以恐怖告终！**"

波拿巴懂得这种喊声。债权人急躁情绪的日益增长，使得他的理解力更加敏锐。这些债权人发觉，每当太阳落山，总统任期的最后一天即 1852 年 5 月的第二个星期日就愈益临近，这是天上星辰的运行在反对他们的人间的票据。债权人变成了真正的占星家了。国民议会使波拿巴丧失了靠宪法来延长其掌权期限的希望，茹安维尔亲王的候选人资格已不允许他再犹豫动摇了。

如果说有过什么事变在它尚未到来之前老早就把自己的影子先投射出来的话，那么这就是波拿巴的政变[1]了。波拿巴早在 1849 年 1 月 29 日，即在他当选刚过一个月的时候，就已向尚加尔涅提出了这种建议。关于政变的政策，他自己的内阁总理奥迪隆·巴罗在 1849 年夏天委婉地谈到过，而梯也尔则在 1850 年冬天公开地揭露过。1851 年 5 月，佩尔西尼曾经再度企图取得尚加尔涅对于政变的赞同，而《国民议会通报》[94]公布了这些谈判。每逢议会发生风波时，波拿巴派的报纸就以政变相威胁；危机越是接近，它们的声调就越放肆。在波拿巴每夜和打扮成绅士淑女的骗子欢聚的狂宴上，一到午夜，当豪饮使他们畅所欲言并激起他们的幻想时，政变总是指定在第二天早晨举行。利剑出鞘，酒杯相碰，议员被抛出窗外，皇袍加在波拿巴身上，而一到早晨，幽灵便又消失，吃惊的巴黎从直率的修女和不慎重的武士们的口里才知道它又度过了一次危险。在 9 月和 10 月两个月间，关于政变的谣传一刻也没有停息过。影子像彩色的银版相片一样已染上了各种色彩。只要翻一翻9月和10月的欧洲报纸,就可以找到这类情况的报道:"巴黎到处流传着政变的谣言。听说首都今天夜间就要被军队占领,而明天早晨就会有解散国民议会、宣布塞纳省戒严、恢复普选权并诉诸人民的法令出现。听说波拿巴正在寻找阁员来执行这些非法的法令。"提供这些消息的报道总是以不祥的"**延期**"一语结束。政变始终是波拿巴的固定观念。他是抱着这个观念重回法国的。他满脑子都是这个观念,以致经常流露于言谈之间。他十分软弱,因此又经常放弃这个观念。对巴黎人来说,这个政变的影子像幽灵一样习以为常,以致当这个政变终于有肉有血地出现时,巴黎人还不愿意相信它。可见,政变之所以成功,根本不是由于十二月十日会⁷⁹的头目严守秘密和国民议会方面受到没有预料到的袭击。不管**波拿巴**怎样泄露秘密,不管**国民议会**怎样事先完全知悉内情,这个政变都是会成功的,因为这是先前的事变进程的必然而不可避免的结果。

10月10日,波拿巴向内阁阁员们宣布他决定恢复普选权;10月16日内阁阁员辞职;10月26日巴黎知道了托里尼内阁组成的消息。同时,警察局长卡尔利埃由莫帕代替,而第一师师长马尼昂把最可靠的团队调到了首都。11月4日国民议会宣布复会。国民议会除了把它已学过的课程按简单扼要的提纲复习一遍并证实自己是在死后才被埋葬之外,是别无他事可做了。

国民议会在和行政权的斗争中失掉的第一个阵地就是内阁。国民议会不得不把纯系摆样子的托里尼内阁当做完备的内阁接受下来,以此来庄严地承认这个失败。当日罗先生以新内阁名义向常任委员会作自我介绍时,常任委员会报之以嘲笑。一个这么软弱的内阁竟要来执行像恢复普选权这样强硬的措施！可是,问题正是在于什么事情都不**通过**议会,一切事情都**违背**议会。

国民议会在它复会的当天就接到了波拿巴的咨文,在咨文中他要求恢复普选权和废除 1850 年 5 月 31 日的法律。当天他的阁员们就提出了一项以此为内容的法令。国民议会立即否决了阁员们的紧急提案,而在 11 月 13 日以 355 票对 348 票否决了这个法令本身。这样,议会就再度撕毁了自己的委任状,又一次证实它已从自由选出的人民代议机关变成了一个阶级的篡权议会,再度承认它自己割断了联结议会头部和国民身躯的肌肉。

如果说行政权建议恢复普选权是表示从诉诸国民议会转向诉诸人民,那么立法权提出它的议会总务官法案[52]则是表示从诉诸人民转向诉诸军队了。国民议会是想通过这个法案来确立自己直接调动军队的权力,确立自己创建议会军的权力。国民议会就这样一方面指定军队来充当自己和人民之间、自己和波拿巴之间的仲裁者,承认军队是国家的决定性力量,另一方面它也不得不确认,它自己早已放弃统率这种力量的要求了。它不是立刻调动军队,而是把自己调动军队的权力当成讨论的题目,这就暴露了它对于自己的力量的怀疑。它否决了议会总务官法案,于是就公开承认了自己的软弱无力。这个法案因为只得到 108 票的少数而失败了。山岳党决定了它的命运。当时山岳党所处的地位就像布利丹的驴子一样,不同的地方只在于不是要在两袋干草之间决定哪一边诱惑力更大,而是要在两顿棒打之间决定哪一边打得更痛。一边怕尚加尔涅,另一边怕波拿巴。老实说,这种处境绝不是英雄好汉的处境。

11 月 18 日,有人对秩序党提出的市镇选举法提出了一个修正案,规定市镇选举人在选区内居住的最低期限不是三年,而是一年。这个修正案仅以一票之差被否决了,但是立刻就发现这一票是废票。秩序党由于分裂成各个敌对的派别,早就丧失了自己的独立的议会多数。这时它表明,议会内根本没有什么多数可言了。国民议会**丧失了通过决议的能力**。已经没有什么聚合力能够把它的原子般的构成部分再结合在一起,它已经断了气,它已经死了。

最后,在大难临头的前几天,议会外的资产阶级群众又一次庄严地证实自己已与议会内的资产阶级决裂。梯也尔这个议会英雄特别严重地患了议会迷[87]这个不治之症,他在议会死后还协同国务会议想出了一个新的议会阴谋——制定责任法,把总统牢牢地约束在宪法范围之内。在9月15日巴黎的新集市大厅举行奠基典礼时,波拿巴简直像马赞尼洛那样把那些女商贩和女渔贩迷惑了一番(不错,一个女渔贩的实际力量等于17个卫戍官[75]);在议会总务官法案提出之后,他曾使他在爱丽舍宫设宴招待的那些尉官们喜出望外,同样,到了11月25日,他又把聚会在马戏场想从他手中领取伦敦工业博览会[93]奖章的工业资产阶级吸引过来了。现在我把《辩论日报》[33]上他的演说中最典型的一段话引录如下:

"这样出乎意料的成绩使我有权再说一遍,如果法兰西共和国有可能关心自己的实际利益和改组自己的机构,而不是一再容忍蛊惑者和君主主义幻想的骚扰,那么法兰西共和国该是多么伟大啊。(圆形剧场里到处响起雷鸣般的暴风雨般的经久不息的掌声。)君主主义的幻想妨碍任何进步和一切重要的工业部门。没有进步,只有斗争。我们看到,从前热烈拥护国王的权威和特权的人,现在成为国民公会的党徒,只求削弱从普选权中产生的权威。(掌声雷动,经久不息。)我们看到,从前吃革命的苦头最多和最怨恨革命的人,现在却煽动新的革命,而这一切都只是为了要束缚国民的意志…… 我保证你们将来能得到安宁……(好!好!暴风雨般的叫好声。)"①

工业资产阶级就这样卑躬屈膝地鼓掌欢迎了 12 月 2 日的政变,欢迎了议会的灭亡,欢迎了自己的统治地位的毁灭和波拿巴的独裁。12 月 4 日轰隆的炮击声报答了 11 月 25 日轰隆的鼓掌声,而鼓掌鼓得最起劲的萨兰德鲁兹先生的房子挨的炮弹也最多。**95**

克伦威尔在解散长期国会**96**时独自一人进入会场,从口袋里拿出表来,为的是不让国会比他所指定的期限多存在一分钟,接着就以愉快的幽默的嘲笑把每一个国会议员赶出会场。拿破仑虽然比他的榜样矮小,但他毕竟在雾月十八日跑到立法机关去向它宣读了(虽然是以颤抖的声调)死刑判决书。第二个波拿巴所拥有的行政权无论和克伦威尔或拿破仑所拥有的比起来都完全不同,他不是在世界史册中,而是在十二月十日会的史册中,在刑事法庭的史册中为自己寻找榜样。他从法兰西银行窃取了 2 500 万法郎,用 100 万法郎收买了马尼昂将军,用 15 法郎加烧酒收买一个个士兵,他像贼一样夜间偷偷地去跟自己的同谋者相会,命令他们闯入最危险的议会首领们的住宅,把卡芬雅克、拉莫里谢尔、勒夫洛、尚加尔涅、沙尔腊斯、梯也尔、巴兹等人从床上绑架走,用军队占领巴黎各重要据点和议会大厦,第二天一早就在各处墙上张贴广告般的告示,宣告国民议会和国务会议已被解散,普选权已经恢复,塞纳省处于戒严状态。稍后,他就在《通报》**51**上登出了一个伪造的文件,说什么在他周围已聚集了许多议会权威人士,他们已

---

① 路易·波拿巴《1851 年 11 月 25 日在伦敦工业博览会颁奖仪式上的讲话》,载于 1851 年 11 月 26 日《政治和文学辩论日报》。——编者注

组成一个咨政会。

议会里剩下的人,主要是正统派和奥尔良派,集合在第十区区政府内开会,反复高呼"共和国万岁!",决定罢免波拿巴,毫无成效地向站在区政府门前张望的人群呼吁,直到最后被非洲猎兵押送到多尔塞兵营,然后又装进囚车转送到马扎斯、阿姆和万塞讷等地的监狱。秩序党、立法议会和二月革命的结局就是如此。在抓紧作结论之前,我们且把它们的历史作个简括的概述。

I. **第一个时期**,从 1848 年 2 月 24 日起到 5 月 4 日止。二月时期。序幕。普遍友爱的骗局。

II. **第二个时期**,共和国成立和制宪国民议会时期。

(1)从 1848 年 5 月 4 日起到 6 月 25 日止。一切阶级同无产阶级进行斗争。无产阶级在六月事变中遭受失败。

(2)从 1848 年 6 月 25 日起到 12 月 10 日止。纯粹的资产阶级共和派专政。起草宪法。宣布巴黎戒严。资产阶级专政因 12 月 10 日波拿巴当选为总统而废除。

(3)从 1848 年 12 月 20 日起到 1849 年 5 月 28 日止。制宪议会同波拿巴以及和波拿巴联合起来的秩序党进行斗争。制宪议会灭亡。共和派资产阶级遭受失败。

III. **第三个时期**,立宪共和国和立法国民议会时期。

(1)从 1849 年 5 月 28 日起到 1849 年 6 月 13 日止。小资产阶级同资产阶级和波拿巴进行斗争。小资产阶级民主派遭受失败。

(2)从 1849 年 6 月 13 日起到 1850 年 5 月 31 日止。秩序党实行议会专政。秩序党以废除普选权而完成自己的统治,但失去议会制内阁。

（3）从 1850 年 5 月 31 日起到 1851 年 12 月 2 日止。议会资产阶级和波拿巴进行斗争。

（a）从 1850 年 5 月 31 日起到 1851 年 1 月 12 日止。议会失去军队总指挥权。

（b）从 1851 年 1 月 12 日起到 4 月 11 日止。议会重新支配行政权的企图遭到失败。秩序党失去独立的议会多数。秩序党同共和派和山岳党联合。

（c）从 1851 年 4 月 11 日起到 10 月 9 日止。尝试修改宪法，企图实现融合和延长任期。秩序党分解为各个构成部分。资产阶级议会和资产阶级报刊同资产阶级群众最后决裂。

（d）从 1851 年 10 月 9 日起到 12 月 2 日止。议会和行政权公开决裂。议会正在死亡和崩溃，被自己的阶级、军队以及其余各阶级所抛弃。议会制度和资产阶级的统治覆灭。波拿巴获得胜利。对帝制复辟的拙劣可笑的模仿。

七

社会共和国在二月革命**4**开始的时候是作为一个词句、作为一个预言出现的。1848 年六月事变**27**时,它被扼杀在巴黎无产阶级的血泊中,但是它像幽灵一样出现在戏剧的下几幕中。民主共和国登上了舞台。它在 1849 年 6 月 13 日**64**和它那些四散奔逃的小资产者一同消失了,但是它在逃走时却随身散发了大吹大擂的广告。议会制共和国同资产阶级一起占据了全部舞台,在它的整个生存空间为所欲为,但是 1851 年十二月二日事件**1**在联合的保皇党人的"共和国万岁!"的惊慌叫喊声中把它埋葬了。①

法国资产阶级反对劳动无产阶级的统治,它把政权送给了以十二月十日会的头目为首的流氓无产阶级。资产阶级使得法国一想到红色无政府状态的可怕前景就心惊肉跳。12 月 4 日,当那些为烧酒所鼓舞的秩序军队根据波拿巴的命令,对蒙马特尔林荫道上和意大利林荫道上的凭窗眺望的显贵资产者射击的时候,波拿巴就把这一可怕前景贴现给了资产阶级。资产阶级曾把马刀奉为神,马刀统治了它。资产阶级消灭了革命的报刊,它自己的报刊也

---

① 在 1852 年版中这一段后面还有如下一段话:"社会共和国和民主共和国失败了,而议会制共和国、保皇派资产阶级的共和国已经覆灭,同样,纯粹的共和国、资产者共和派的共和国也已经覆灭。"——编者注

被消灭了。它把人民的集会置于警察监视之下,它自己的沙龙也遭到了警察的监视。它解散了民主派的国民自卫军,它自己的国民自卫军也被解散了。它实行了戒严,戒严也实行到了它头上。它用军事委员会代替了陪审团,它自己的陪审团也被军事委员会代替。它把国民教育置于教士的支配之下,教士也把它置于自己的教育之下。它不经审判就流放囚犯,它自己也未经审判就被流放了。它以国家权力镇压社会的一切运动,它自己的一切社会运动也遭到了国家权力的镇压。它因偏爱自己的钱袋而反对自己的政治家和著作家,它的政治家和著作家被排除了,但是它的钱袋也在它的口被封死和笔被折断后被抢劫了。资产阶级曾不倦地像圣徒阿尔塞尼乌斯对基督徒那样向革命叫喊道:"Fuge,tace,quiesce! ——快跑,住嘴,安静!"波拿巴也向资产阶级叫喊道:"Fuge,tace,quiesce! ——快跑,住嘴,安静!"

法国资产阶级早已把拿破仑的"50年后欧洲是共和制的欧洲还是哥萨克式的欧洲"①这个二难推理给解决了。它以"哥萨克式的共和国"解决了这个二难推理。无须瑟西的魔法就把资产阶级共和国这个杰作变成一个畸形怪物了。这个共和国除了外表的体面之外,什么也没有丧失。今天的法国采用了议会制共和国这一成熟的形式。只要刺刀一戳,水泡就破了,怪物就出现在眼前。②

---

① 艾·拉斯卡斯《圣赫勒拿岛回忆录》1840年巴黎版。——编者注

② 在1852年版中这一段话后面是这样写的:"二月革命的最近的目标是推翻奥尔良王朝**25**和在奥尔良王朝时期当政的那一部分资产阶级。到1851年12月2日才达到这个目标。这时,奥尔良王室的大量财产,即它的影响的物质基础,被没收了。二月革命后人们所期待的,在12月以后出现了,自1830年以来那些以自己的大喊大叫弄得法国精疲力竭的人遭到监禁、流亡、撤职、放逐、缴械、嘲笑。然而在路易-菲力浦时

为什么巴黎无产阶级在12月2日后没有举行起义呢？

当时资产阶级的倾覆还只见之于法令，而法令还没有被执行。无产阶级的任何重大起义都会立刻使资产阶级重新活跃起来，使它和军队协调起来，从而为工人造成第二个六月失败。

12月4日，资产者和小店主唆使无产阶级起来战斗。当天晚上，国民自卫军的几个联队答应拿着武器穿着军装到战场上来。因为资产者和小店主已经得知波拿巴在12月2日的一项命令中

期执政的，只是商业资产阶级中的一部分。它的其他派别形成一个王朝反对派和一个共和主义反对派，或者完全站在所谓合法国土之外。只有议会制共和国把商业资产阶级的所有派别吸收到它的国家范围里。另外，在路易-菲力浦时期，商业资产阶级排斥了占有土地的资产阶级。只有议会制共和国使他们彼此处于平等地位，让七月王朝**25**和正统王朝联姻并把财产统治的两个时期合而为一。在路易-菲力浦时期，资产阶级的享有特权的部分将其统治隐匿于王冠之下；在议会制共和国时期，资产阶级统治在联合了它的所有的构成部分并把它的帝国扩展为它的阶级的帝国之后，赤裸裸地露出头角。因此，革命本身首先必须创造一种形式，使资产阶级统治在这种形式下可以得到最广泛、最普遍、最彻底的表现，因而也可以被推翻，再也不能站立起来。

直到这时才执行了2月宣布的对奥尔良派资产阶级，即法国资产阶级中最有生命力的派别的判决。它的议会、律师协会、商业法庭、地方代议机关、公证处、大学、讲坛和法庭、报刊和书籍、行政收入和法院诉讼费、军饷和国债，它的精神和肉体都被击溃了。布朗基把解散资产阶级自卫军作为向革命提出的第一个要求，曾经在2月阻挡过革命前进的资产阶级自卫军在12月从舞台上消失了，万神庙又重新变成了普通的教堂。曾经把资产阶级制度的18世纪的发起人神圣化的魔法也同资产阶级制度的最后形式一起破灭了。当基佐得知12月2日的政变成功时，他宣告：C'est le triomphe complet et définitif du **Socialisme！ 这是社会主义的完全而彻底的胜利！** 也就是说：这是资产阶级统治的彻底而完全的灭亡。

为什么无产阶级没有拯救资产阶级呢？这个问题转化为另一个问题："——编者注

废除了秘密投票,命令他们在正式登记名册上把"赞成"或"反对"写在他们的名字后边。12月4日的抵抗吓坏了波拿巴。夜间他就下令在巴黎各个街口张贴了广告,宣布恢复秘密投票。资产者和小店主认为自己的目的已经达到了。次日早晨留在家里的正是小店主和资产者。

12月1日深夜,波拿巴以突然的袭击使巴黎的无产阶级失掉了它的领袖,失掉了街垒战的指挥者。这支没有指挥官的军队,由于对1848年六月事变、1849年六月事变和1850年五月事变记忆犹新,不愿意在山岳党的旗帜下作战,于是就听凭自己的先锋队即秘密团体去挽救巴黎的起义的荣誉,这种荣誉已被资产阶级如此恭顺地交给兵痞们去蹂躏,以致波拿巴后来能够用一个刻薄的理由解除国民自卫军的武装:他担心无政府主义者滥用国民自卫军的武器来反对国民自卫军自己!

"这是社会主义的完全而彻底的胜利!"——基佐曾这样评论12月2日的政变。但是,如果说议会制共和国的倾覆包含有无产阶级革命胜利的萌芽,那么它的直接的具体结果就是**波拿巴对议会的胜利,行政权对立法权的胜利,不讲空话的权力对讲空话的权力的胜利**。① 在议会中,国民将自己的普遍意志提升为法律,即将统治阶级的法律提升为国民的普遍意志。在行政权面前,国民完全放弃了自己的意志,而服从于他人意志的指挥,服从于权威。和立法权相反,行政权所表现的是国民的他治而不是国民的自治。这样,法国逃脱一个阶级的专制,好像只是为了服从于一个人的专

---

① 在1852年版中这句话后面还有这样一句话:"这样,旧国家的一种权力首先只是从它自身的局限中解放出来,变成了无限制的绝对的权力。"——编者注

制,并且是服从于一个没有权威的人的权威。斗争的结局,好像是一切阶级都同样软弱无力地和同样沉默地跪倒在枪托之前了。

然而革命是彻底的。它还处在通过涤罪所的历程中。它在有条不紊地完成自己的事业。1851 年 12 月 2 日以前,它已经完成了前一半准备工作,现在它在完成另一半。它先使议会权力臻于完备,为的是能够推翻这个权力。现在,当它已达到这一步时,它就来使**行政权**臻于完备,使行政权以其最纯粹的形式表现出来,使之孤立,使之成为和自己对立的唯一的对象,以便集中自己的一切破坏力量来反对行政权。而当革命完成自己这后一半准备工作的时候,欧洲就会从座位上跳起来欢呼:掘得好,老田鼠!①

这个行政权有庞大的官僚机构和军事机构,有复杂而巧妙的国家机器,有 50 万人的官吏大军和 50 万人的军队。这个俨如密网一般缠住法国社会全身并阻塞其一切毛孔的可怕的寄生机体,是在专制君主时代,在封建制度崩溃时期产生的,同时这个寄生机体又加速了封建制度的崩溃。土地所有者和城市的领主特权转化为国家权力的同样众多的属性;封建的显贵人物转化为领取薪俸的官吏;互相对抗的中世纪的无限权力的五颜六色的样本转化为确切规定了的国家权力的方案,国家权力的运作像工厂一样有分工,又有集中。第一次法国革命的任务是破坏一切地方的、区域的、城市的和各省的特殊权力以造成全国的公民的统一,它必须把专制君主制已经开始的事情——中央集权加以发展,但是它同时也就扩大了政府权力的容量、属性和走卒数目。拿破仑完成了这个国家机器。正统王朝和七月王朝并没有增添什么东西,不过是

---

① 莎士比亚《哈姆雷特》第 1 幕第 5 场。——编者注

扩大了分工,这种分工随着资产阶级社会内部的分工愈益造成新的利益集团,即造成用于国家管理的新材料,而愈益扩大起来。每一种**共同的**利益,都立即脱离社会而作为一种最高的**普遍的**利益来与社会相对立,都不再是社会成员的自主行动而成为政府活动的对象——从某一村镇的桥梁、校舍和公共财产,直到法国的铁路、国家财产和国立大学。最后,议会制共和国在它反对革命的斗争中,除采用高压手段外,还不得不加强政府权力的工具和中央集权。一切变革都是使这个机器更加完备,而不是把它摧毁。那些相继争夺统治权的政党,都把这个庞大国家建筑物的夺得视为胜利者的主要战利品。

但是在专制君主时代,在第一次革命时期,在拿破仑统治时期,官僚不过是为资产阶级的阶级统治进行准备的手段。在复辟时期,在路易-菲力浦统治时期,在议会制共和国时期,官僚虽力求达到个人专制,但它终究是统治阶级的工具。

只是在第二个波拿巴统治时期,国家才似乎成了完全独立的东西。和市民社会相比,国家机器已经大大地巩固了自己的地位,它现在竟能以十二月十日会的头目,一个从外国来的、被喝醉了的兵痞拥为领袖的冒险家做首脑,而这些兵痞是他用烧酒和腊肠收买过来的,并且他还要不断地用腊肠来讨好他们。由此便产生了怯懦的绝望和遭受奇耻大辱的情感,这种情感压住法国的胸膛,让它喘不过气来。法国觉得自己被凌辱了。①

---

① 在1852年版中这一段是这样写的:"只是在第二个波拿巴统治时期,国家才似乎成了完全独立于社会并对它进行奴役的东西。行政权具有明显的独立性,这时它的首脑不再需要天赋,它的军队不再需要声誉,它的官僚不再需要道义上的权威,便可以合法存在。和市民社会

虽然如此,国家权力并不是悬在空中的。波拿巴代表一个阶级,而且是代表法国社会中人数最多的一个阶级——**小农**。

正如波旁王朝是大地产的王朝,奥尔良王朝是金钱的王朝一样,波拿巴王朝是农民的王朝,即法国人民群众的王朝。被农民选中的不是服从资产阶级议会的那个波拿巴,而是驱散了资产阶级议会的那个波拿巴。城市在三年中成功地曲解了12月10日选举的意义,辜负了农民恢复帝国的希望。1848年12月10日的选举只是在1851年12月2日的政变中才得以实现。

小农人数众多,他们的生活条件相同,但是彼此间并没有发生多种多样的关系。他们的生产方式不是使他们互相交往,而是使他们互相隔离。这种隔离状态由于法国的交通不便和农民的贫困而更为加强了。他们进行生产的地盘,即小块土地,不容许在耕作时进行分工,应用科学,因而也就没有多种多样的发展,没有各种不同的才能,没有丰富的社会关系。每一个农户差不多都是自给自足的,都是直接生产自己的大部分消费品,因而他们取得生活资料多半是靠与自然交换,而不是靠与社会交往。一小块土地,一个农民和一个家庭;旁边是另一小块土地,另一个农民和另一个家庭。一批这样的单位就形成一个村子;一批这样的村子就形成一个省。这样,法国国民的广大群众,便是由一些同名数简单相加而

相比,国家机器已经大大地巩固了自己的地位,它现在竟能以十二月十日会的头目,一个从外国来的、被喝醉了的兵痞拥为领袖的冒险家做首脑,而这些兵痞是他用烧酒和腊肠收买过来的,并且他还要不断地用腊肠来讨好他们。由此便产生了怯懦的绝望和遭受奇耻大辱的情感,这个情感压住法国的胸膛,让它喘不过气来。法国觉得自己被凌辱了。如果说拿破仑还勉强能够以为法国争自由作为借口,那么第二个波拿巴已不再可能以让法国受奴役作为借口。"——编者注

形成的,就像一袋马铃薯是由袋中的一个个马铃薯汇集而成的那样。数百万家庭的经济生活条件使他们的生活方式、利益和教育程度与其他阶级的生活方式、利益和教育程度各不相同并互相敌对,就这一点而言,他们是一个阶级。而各个小农彼此间只存在地域的联系,他们利益的同一性并不使他们彼此间形成共同关系,形成全国性的联系,形成政治组织,就这一点而言,他们又不是一个阶级。因此,他们不能以自己的名义来保护自己的阶级利益,无论是通过议会或通过国民公会。他们不能代表自己,一定要别人来代表他们。他们的代表一定要同时是他们的主宰,是高高站在他们上面的权威,是不受限制的政府权力,这种权力保护他们不受其他阶级侵犯,并从上面赐给他们雨水和阳光。所以,归根到底,小农的政治影响表现为行政权支配社会。①

历史传统在法国农民中间造成了一种迷信,以为一个名叫拿破仑的人将会把一切美好的东西送还他们。于是就出现了一个人来冒充这个人,因为他取名为拿破仑,而且拿破仑法典规定:"不许寻究父方"。经过 20 年的流浪生活和许多荒唐的冒险行径之后,预言终于实现了,这个人成了法国人的皇帝。侄子的固定观念实现了,因为这个观念是和法国社会中人数最多的阶级的固定观念一致的。

但是,也许有人会反驳我说:在半个法国不是发生过农民起义吗?军队不是围攻过农民吗?农民不是大批被捕,大批被流放吗?

---

① 在 1852 年版中这句话是这样写的:"所以,归根到底,小农的政治影响表现为行政权支配议会,国家支配社会。"——编者注

从路易十四时起,法国农民还没有"因为蛊惑者的阴谋"而遭到过这样的迫害。[97]

但是,要正确地理解我的意思。波拿巴王朝所代表的不是革命的农民,而是保守的农民;不是力求摆脱其社会生存条件即小块土地的农民,而是想巩固这种条件的农民;不是力求联合城市并以自己的力量去推翻旧制度的农村居民,而是相反,是愚蠢地固守这个旧制度,期待帝国的幽灵来拯救自己和自己的小块土地并赐给自己以特权地位的农村居民。波拿巴王朝所代表的不是农民的开化,而是农民的迷信;不是农民的理智,而是农民的偏见;不是农民的未来,而是农民的过去;不是农民的现代的塞文[98],而是农民的现代的旺代[99]。

议会制共和国三年的严酷统治,使一部分法国农民摆脱了对于拿破仑的幻想,并使他们(虽然还只是表面上)革命化了;可是,每当他们发动起来的时候,资产阶级就用暴力把他们打回去。在议会制共和国时期,法国农民的现代意识同传统意识展开了斗争。这一过程是以教师和教士之间不断斗争的形式进行的。资产阶级打垮了教师。农民第一次力图对政府的行动采取独立的态度;这表现在镇长和省长之间的不断冲突上。资产阶级撤换了镇长。最后,法国各地农民在议会制共和国时期曾起来反对他们自己的产物,即军队。资产阶级用宣布戒严和死刑惩罚了他们。这个资产阶级现在却公然叫喊什么群众是可鄙的群氓,十分愚蠢,说这些群众把它出卖给波拿巴了。它自己曾以暴力加强了农民阶级对帝制的信赖,它曾把这种农民宗教产生的条件保留下来。当群众墨守成规的时候,资产阶级害怕群众的愚昧,而在群众刚有点革命性的时候,它又害怕起群众的觉悟了。

在政变以后发生的各次起义中,一部分法国农民拿起武器抗议他们自己在 1848 年 12 月 10 日的投票表决。1848 年以来的教训,使他们学聪明了。但是他们已经投身于历史的地狱,历史迫使他们履行诺言,而大多数农民当时还抱有成见,以致恰恰是在最红的省份中农村居民公开把选票投给波拿巴。在他们看来,国民议会妨碍了波拿巴的活动。波拿巴现在只是打破了城市加之于乡村意志的桎梏。在有些地方,农民甚至荒唐地幻想在拿破仑身旁建立一个国民公会。

第一次革命把半农奴式的农民变成了自由的土地所有者之后,拿破仑巩固和调整了某些条件,以保证农民能够自由无阻地利用他们刚得到的法国土地并满足其强烈的私有欲。可是法国农民现在没落的原因,正是他们的小块土地、土地的分割,即被拿破仑在法国固定下来的所有制形式。这正是使法国封建农民成为小块土地的所有者,而使拿破仑成为皇帝的物质条件。只经过两代就产生了不可避免的结果:农业日益恶化,农民负债日益增加。"拿破仑的"所有制形式,在 19 世纪初期原是保证法国农村居民解放和致富的条件,而在本世纪的进程中却已变成使他们受奴役和贫困化的法律了。而这个法律正是第二个波拿巴必须维护的"拿破仑观念"[50]中的第一个观念。如果他和农民一样,还有一个错觉,以为农民破产的原因不应在这种小块土地所有制中去探求,而应在这种土地所有制以外,在一些次要情况的影响中去探求,那么,他的实验一碰上生产关系,就会像肥皂泡一样破灭。

小块土地所有制的经济发展根本改变了农民与其他社会阶级的关系。在拿破仑统治时期,农村土地的小块化补充了城市中的自由竞争和正在兴起的大工业。① 农民阶级是对刚被推翻的土地贵族的普遍抗议。② 小块土地所有制在法国土地上扎下的根剥夺了封建制度的一切营养物。小块土地的界桩成为资产阶级抵抗其旧日统治者的一切攻击的自然堡垒。但是在 19 世纪的进程中，封建领主已被城市高利贷者所代替；土地的封建义务已被抵押债务所代替；贵族的地产已被资产阶级的资本所代替。农民的小块土地现在只是使资本家得以从土地上榨取利润、利息和地租，而让农民自己考虑怎样去挣自己的工资的一个借口。法国土地所负担的抵押债务每年从法国农民身上取得的利息，等于英国全部国债的年债息。受到资本这样奴役的小块土地所有制（而它的发展不可避免地要招致这样的奴役）使法国的一大半国民变成穴居人。1 600 万农民（包括妇女和儿童）居住在洞穴中，大部分的洞穴只有一个洞口，有的有两个小洞口，最好的也只有三个洞口。而窗户之于住房，正如五官之于脑袋一样。资产阶级制度在本世纪初曾让国家守卫新产生的小块土地，并对它尽量加以赞扬，现在却变成了吸血鬼，吸吮它的心血和脑髓并把它投入资本的炼金炉中去。拿破仑法典现在至多不过是一个执行法庭判决、查封财产和强制拍卖的法典。在法国，除了官方计算的 400 万（包括儿童等等）乞丐、游民、犯人和妓女之外，还有 500 万人濒于死亡，他们或者是居住在农村，或者是带着他们的破烂和孩子到处流浪，从农村到城

---

① 在 1852 年版中这之后还有如下几句话："对农民阶级实行优待本身有利于新的资产阶级制度。这个新造就的阶级是资产阶级制度向城市以外的地区的全面伸延，是资产阶级制度在全国范围内的实施。"——编者注

② 在 1852 年版中这之后还有如下一句话："如果说它首先受到优待，那么它也首先为封建领主的复辟提供了进攻点。"——编者注

市,又从城市到农村。由此可见,农民的利益已不像拿破仑统治时期那样同资产阶级的利益、同资本相协调,而是同它们相对立了。因此,农民就把负有推翻资产阶级制度使命的**城市无产阶级**看做自己的天然同盟者和领导者。可是,**强有力的和不受限制的政府**(这是第二个拿破仑应该实现的第二个"拿破仑观念")应该用强力来保卫这种"物质的"制度。这种"物质制度"也是波拿巴反对造反农民的一切文告中的口号。

小块土地除了肩负资本加于它的抵押债务外,还肩负着**赋税**的重担。赋税是官僚、军队、教士和宫廷的生活来源,一句话,它是行政权的整个机构的生活来源。强有力的政府和繁重的赋税是一回事。小块土地所有制按其本性说来是无数全能的官僚立足的基础。它造成全国范围内各种关系和个人的均质的水平。所以,它也就使得一个最高的中心对这个均质的整体的各个部分发生均质的作用。它消灭人民群众和国家权力之间的贵族中间阶梯。所以,它也就引起这一国家权力的全面的直接的干涉和它的直属机关的全面介入。最后,它造成无业的过剩人口,使他们无论在农村或城市都找不到容身之地,因此他们钻营官职,把官职当做一种体面的施舍,迫使增设官职。① 拿破仑借助于他用刺刀开辟的新市场,借助于对大陆的掠夺,连本带利一并偿还了强制性赋税。这种

---

① 在1852年版中这后面还有如下一段话:"在拿破仑时期,这一大批政府人员不仅仅直接提供生产成果,因为他们在公共工程等等的形式下采用国家的强制手段为新形成的农民阶级做出了资产阶级在私人产业的道路上还不可能做出的事情。国家赋税是维持城市和农村之间交换的必要的强制手段,否则,小块土地所有者就会像在挪威和瑞士的部分地区那样,由于农民的自给自足而破坏同城市的联系。"——编者注

赋税曾是刺激农民发展产业的手段,而现在赋税却使这些产业失去最后的资源,失去抵御贫困化的能力。大批衣着华贵和脑满肠肥的官僚,是最符合第二个波拿巴心意的一种"拿破仑观念"。既然波拿巴不得不创造一个同社会各真实阶级并列的人为等级,而对这个等级来说,维护波拿巴的政权就成了饭碗问题,那么,事情又怎能不是这样呢? 正因为如此,他的最初的财政措施之一就是把官吏薪俸提高到原来的水平,并添设了领干薪的新官职。

另一个"拿破仑观念"是作为政府工具的**教士**的统治。可是,如果说刚刚出现的小块土地由于它和社会相协调,由于它依赖自然力并且对从上面保护它的权威采取顺从态度,因而自然是相信宗教的,那么,债台高筑、同社会和权威反目并且被迫越出自己的有限范围的小块土地自然要变成反宗教的了。苍天是刚刚获得的一小块土地的相当不错的附加物,何况它还创造着天气;可是一到有人硬要把苍天当做小块土地的代替品的时候,它就成为一种嘲弄了。那时,教士就成为地上警察的涂了圣油的警犬——这也是一种"拿破仑观念"。① 对罗马的征讨下一次将在法国内部进行,不过它的意义和蒙塔朗贝尔先生所想的**100**正好相反。

最后,"拿破仑观念"登峰造极的一点,就是**军队**占压倒的优势。军队是小农的光荣,军队把小农造就成为英雄,他们保护新得的财产免受外敌侵犯,颂扬他们刚获得的民族性,掠夺世界并使之革命化。军服是他们的大礼服,战争是他们的诗篇,在想象中扩大和完整起来的小块土地是他们的祖国,而爱国主义是财产观念的

---

① 在1852年版中这后面还有如下一句话:"和拿破仑时期不同,在第二个波拿巴时期,地上警察的使命不是监视农民体制在城市里的敌人,而是监视波拿巴在农村里的敌人。"——编者注

理想形态。可是,现在法国农民为了保护自己的财产所要对付的敌人,已不是哥萨克,而是法警和税吏了。小块土地已不是躺在所谓的祖国中,而是存放在抵押账簿中了。军队本身已不再是农民青年的精华,而是农民流氓无产阶级的败类了。军队大部分都是招募来的新兵,都是些顶替者,正如第二个波拿巴本人只是一个招募来的人物,只是拿破仑的顶替者一样。现在军队是在执行宪兵勤务围捕农民时树立英雄业绩的;所以,如果十二月十日会的头目在其制度内在矛盾的驱使下到法国境外去用兵,那么军队在干了几桩强盗勾当后就不是获得荣誉,而是遭到痛打了。

这样,我们就看到,**一切"拿破仑观念"都是不发达的、朝气蓬勃的小块土地所产生的观念**;对于已经衰老的小块土地说来,这些观念是荒谬的,只是它垂死挣扎时的幻觉,只是变成了空话的词句,只是变成了幽灵的魂魄。但是,为了使法国国民大众解脱传统的束缚,为了使国家权力和社会之间的对立以纯粹的形态表现出来,一出模仿帝国的滑稽剧是必要的。随着小块土地所有制日益加剧的解体,建立在它上面的国家建筑物将倒塌下来。现代社会所需要的国家中央集权制,只能在军事官僚政府机器的废墟上建立起来,这种军事官僚政府机器是在同封建制度的对立中锻造而成的。①

---

① 在1852年版中没有最后这两句话,本段的结尾是这样写的:"打碎国家机器不会危及中央集权制。官僚政治不过是中央集权制还受其对立物即封建制度累赘时的低级和粗糙形态。法国农民一旦对拿破仑帝制复辟感到失望,就会把对于自己小块土地的信念抛弃;那时建立在这种小块土地上面的全部国家建筑物都将会倒塌下来,于是**无产阶级革命就会形成一种合唱,若没有这种合唱,它在一切农民国度中的独唱是不免要变成孤鸿哀鸣的。**"——编者注

12月20日和21日大选之谜,要从法国农民的状况中找到解答。这次大选把第二个波拿巴推上西奈山[101],并不是为了让他去接受法律,而是为了让他去颁布法律。①

显然,资产阶级现在除了投票选举波拿巴之外,再没有别的出路了。② 当清教徒[35]在康斯坦茨宗教会议[102]上诉说教皇生活淫乱并悲叹必须改革风气时,红衣主教彼得·大利向他们大声喝道:"现在只有魔鬼还能拯救天主教会,而你们却要求天使!"法国资产阶级在政变后也同样高声嚷道:现在只有十二月十日会[79]的头目还能拯救资产阶级社会! 只有盗贼还能拯救财产;只有假誓还能拯救宗教;只有私生子还能拯救家庭;只有无秩序还能拯救秩序!

波拿巴作为行政权的自主的力量,自命为负有保障"资产阶级秩序"的使命。但是这个资产阶级秩序的力量是中等阶级。所以他就自命为中等阶级的代表人物,并颁布了相应的法令。可是,他之所以能够成为一个人物,只是因为他摧毁了并且每天都在重

---

① 在1852年版中这段话是这样写的:"12月20日和21日大选之谜,要从法国农民的状况中找到解答。这次大选把第二个波拿巴推上西奈山,并不是为了让他去接受法律,而是为了让他去颁布和执行法律。的确,法兰西民族在那些灾难的日子里犯了反对民主主义的滔天大罪。民主主义跪倒在地,每天祷告:神圣的普选权,求您帮帮我们! 普选权的信奉者自然不愿意放弃一种神奇的力量,因为它可以使他们成就大业,可以把第二个波拿巴变成拿破仑,把扫罗变成保罗,把西门变成彼得。国民精神通过选票箱对他们说话,就像先知以西结对枯干的骸骨说话:'Haec dicit dominus deus ossibus suis:Ecce, ego intromittam in vos Spiritum et vivetis.''主耶和华对这些骸骨如此说:我必使气息进入你们里面,你们就要活了。'"——编者注
② 在1852年版中这后面还有如下一句话:"专制或者无政府主义,它自然投票赞成专制。"——编者注

新摧毁这个中等阶级的政治力量。所以他又自命为中等阶级的政治力量和著作力量的敌人。可是,既然他保护中等阶级的物质力量,那么就不免要使这个阶级的政治力量重新出现。因此,必须保护原因并在结果出现的地方把结果消灭掉。但是,原因和结果总不免有某些混淆,因为原因和结果在相互作用中不断丧失自己的特征。于是就有抹掉界限的新法令出现。同时波拿巴针对资产阶级,自命为农民和人民大众的代表,想使人民中的下层阶级在资产阶级社会的范围内得到幸福。于是就有一些预先抄袭"真正的社会主义者"¹⁰³的治国良策的新法令出现。但是波拿巴首先觉得自己是十二月十日会的头目,是流氓无产阶级的代表。他本人、他的亲信、他的政府和他的军队都属于这个阶级,而这个阶级首先关心的是自己能生活得舒服,是从国库中抽取加利福尼亚的彩票。于是他就以颁布法令、撤开法令和违反法令来证实他真不愧为十二月十日会的头目。

这个人所负的这种充满矛盾的使命,就可以说明他的政府的各种互相矛盾的行动。这个政府盲目摸索前进,时而拉拢这个阶级,时而又拉拢另一个阶级,时而侮辱这个阶级,时而又侮辱另一个阶级,结果使一切阶级一致起来和它作对。他这个政府在实际行动上表现的犹豫,和他从伯父那里盲目抄袭来的政府法令的独断果敢的风格形成一种十分可笑的对照。①

工业和商业,即中等阶级的事业,应该在强有力的政府治理下像温室中的花卉一样繁荣。于是就让出了无数的铁路承租权。但

---

① 在1852年版中这里还有一句话:"因此,这些互相矛盾的行动的匆忙和草率,应该模仿皇帝的面面俱到和善于应对。"——编者注

是波拿巴派的流氓无产阶级是要发财致富的。于是就有事先知悉秘密的人在交易所进行承租权上的投机。但是又没有建筑铁路的资本。于是就强令银行以铁路股票做抵押来发放贷款。但是银行同时要由波拿巴本人来经营,因此就要优待银行。于是银行就免除了公布每周结算的义务,它和政府订立了只对它有利的契约。人民应该有工作。于是就安排公共工程。但是公共工程增加人民的税负。因此必须对食利者下手,把利息由五厘改为四厘半,以此来减低税额。但是必须再给中间等级一些甜头。因此零买酒喝的大众的葡萄酒税增加了一倍,而大批买酒喝的中间等级的酒税却减低了一半。现有的工人团体被解散了,但是许诺将来会出现团体兴旺的奇迹。必须帮助农民。于是要有抵押银行,以加重农民债务并加速财产集中。但是必须利用这些银行来从被没收的奥尔良王室财产中榨取金钱。可是没有一个资本家同意这个在法令中没有规定的条件,结果抵押银行也就始终只是一纸法令,如此等等。

波拿巴想要扮演一切阶级的家长似的恩人。但是,他要是不从一个阶级那里取得一些什么,就不能给另一个阶级一些什么。正如吉斯公爵在弗伦特运动[56]时期由于曾把自己的一切财产变成他的党徒欠他的债务而被称为法国最该受感激的人一样,波拿巴也想做法国最该受感激的人,把法国所有的财产和所有的劳动都变成欠他个人的债务。他想窃取整个法国,以便将它再赠给法国,或者说得更确切些,以便能够用法国的钱再来收买法国,因为他作为十二月十日会的头目,就不得不收买应归他所有的东西。于是所有一切国家设施,即参议院、国务会议、立法机关、荣誉军团勋章、士兵奖章、洗衣房、公共工程、铁路、没有士兵的国民自卫军司令部以及被没收的奥尔良王室财产,都成了用于收买的设施。军队和政府机器中的每一个位置,都成了收买手段。然而在这种先把法国攫取过来,然后再把它交给法国自己的过程中,最重要的东西还是在买卖过程中流到十二月十日会的头目和会员的腰包里去的利润。莫尔尼先生的情妇 L.伯爵夫人①,对没收奥尔良王室财产一事曾说过这样一句俏皮话:"C'est le premier vol de l'aigle"("这是鹰的最初的飞翔"②),这句俏皮话对于这只更像是**乌鸦**的**鹰**的每一次飞翔都适用。一个意大利的加尔都西会**104**修士曾对一个夸耀地计算自己还可以受用多年的财产的守财奴说过:"Tu fai conto sopra i beni,bisogna prima far il conto sopra gli anni."③波拿巴和他的信徒每天都对自己说这句话。为了不致算错年月,他们按分钟来计算。钻进宫廷,钻进内阁,钻进行政机关和军队的上层去的是一群连其中最好的一个也来历不明的流氓,是一群吵吵嚷嚷的、声名狼藉的、贪婪的浪荡者。他们穿着缀有标志级别的金银边饰的制服,装出俨如苏路克的高官显宦那样可笑的庄严的样子。如果人们注意到,**韦隆-克勒维尔**④是十二月十日会的道德说教者,**格朗尼埃·德卡桑尼亚克**是它的思想家,那么人们对这个会的上层人物就能有个清楚的概念了。基佐主持内阁的时候,曾在

---

① 即莱昂伯爵夫人。——编者注
② 马克思在这里加了一个注:"vol 有'飞翔'和'盗窃'两个意思。"——编者注
③ 马克思在这里加了一个注:"你总是计算你的财产,但你最好是先计算一下你的年岁。"——编者注
④ 马克思在这里加了一个注:"巴尔扎克在其长篇小说《贝姨》中,把克勒维尔描绘为最淫乱的巴黎庸人,这个克勒维尔是以《立宪主义者报》**105**报社主人韦隆博士为模特描摹出来的。"——编者注

1930 年上海江南书店和 1940 年延安解放社出版的
《路易·波拿巴的雾月十八日》中译本

一家地方小报上利用这个格朗尼埃作为攻击王朝反对派[24]的工具,并且总是给他如下的赞语:"C'est le roi des drôles","这是丑角之王"。[106]如果把路易·波拿巴的朝廷和家族拿来跟摄政时期[107]或路易十五统治时期对比,那是不公正的。因为"法国已不止一次地有过姘妇的政府,但是从来还没有过面首的政府"。①

波拿巴既被他的处境的自相矛盾的要求所折磨,同时又像个魔术师,不得不以不断翻新的意外花样吸引观众把视线集中在他这个拿破仑的顶替者身上,也就是说,他不得不每天发动小型政变,使整个资产阶级经济陷于混乱状态,侵犯一切在 1848 年革命中显得不可侵犯的东西,使一些人容忍革命而使另一些人欢迎革命,以奠定秩序为名造成无政府状态,同时又使整个国家机器失去圣光,渎犯它,使它成为可厌而又可笑的东西。他模仿特里尔的圣衣[108]的礼拜仪式在巴黎布置拿破仑的皇袍的礼拜仪式。但是,如果皇袍终于落在路易·波拿巴身上,那么拿破仑的铜像就将从旺多姆圆柱[3]顶上倒塌下来。

卡·马克思大约写于 1851 年
12 月中—1852 年 3 月 25 日

载于 1852 年 5 月《革命。不定
期刊物》第 1 期

原文是德文

选自《马克思恩格斯选集》第 3 版
第 1 卷第 668—774 页

---

① 马克思在这里加了一个注:"德·日拉丹夫人的话。"在 1852 年版中本段的结尾还有一句话:"卡托为了在极乐世界同英雄相会,宁愿一死!可怜的卡托!"——编者注

注　　释

1　1848 年 12 月 10 日当选法兰西共和国总统的路易·波拿巴于 1851 年 12 月 2 日在法国发动政变,立法议会和国务会议被解散,许多议员被逮捕,全国有 32 个省宣布处于战时状态,社会党和共和党的领导人被驱逐出法国。1852 年 1 月 14 日通过的新宪法规定,一切权力都集中在总统手中,而在 1852 年 12 月 2 日却宣布路易·波拿巴为法国皇帝,帝号拿破仑第三。——3、6、30、46、96、103。

2　《革命》(Die Revolution)是约·魏德迈在纽约出版的德文周报,1852 年 1 月 6 日和 13 日出版两期后,由于经济困难不得不停刊。1852 年 5 月和 6 月,魏德迈在阿·克路斯的资助下又作为月刊出版了两期《革命。不定期刊物》(Die Revolution. Eine Zeitschrift in zwanglosen Heften)。——3。

3　旺多姆圆柱又称凯旋柱,是为了纪念拿破仑第一的战功,于 1806—1810 年在巴黎旺多姆广场修建的。整个圆柱全部用缴获的武器上的青铜制成,顶上铸有一座拿破仑雕像,雕像在复辟时期被拆除,但在 1833 年又复原。1871 年根据巴黎公社的决议,旺多姆圆柱作为军国主义的象征被推倒。1875 年圆柱又被资产阶级政府修复。——4、121。

4　二月革命指 1848 年 2 月爆发的法国资产阶级民主革命。代表金融资产阶级利益的"七月王朝"(见注 25)推行极端反动的政策,反对任何政治改革和经济改革,阻碍资本主义发展,加剧对无产阶级和农民的剥削,引起全国人民的不满;农业歉收和经济危机进一步加深了国内矛盾。1848 年 2 月 22—24 日巴黎爆发革命,推翻了"七月王朝",建立了资产阶级共和派的临时政府,宣布成立了法兰西第二共和国。法国二月革命在欧洲 1848—1849 年革命中具有重要影响。无产阶级和小资产阶级积极参加了这次革命,但革命果实却落到了资产阶级手里。——6、12、21、34、60、103。

5　这里是指黑格尔在《历史哲学讲演录》第 3 部第 2 篇《从第二次布匿战争到皇帝当政时期》中的论述。黑格尔指出:"如果某种国家变革重复发生,人们总会把它当做既成的东西而认可。这样就有了拿破仑的两次被捕,波旁王室的两次被驱逐。由于重复,开初只是偶然和可能的东西便成了现实的和得到确认的东西了。"——8。

6　山岳党即山岳派,在 1793—1795 年间是指法国资产阶级革命时期代表中小资产阶级利益的革命民主派,因其在国民公会开会时坐在大厅左侧的最高处而得名,代表人物有马·罗伯斯比尔、让·马拉、若·丹东等。其成员大都参加了雅各宾俱乐部。1792 年 10 月,代表大工商业资产阶级利益的吉伦特派(见注 53)退出雅各宾俱乐部后,山岳派实际上成为雅各宾派(见注 54)的同义语。

　　山岳党在 1848—1851 年间是指法国制宪议会和立法议会中集合在《改革报》周围的小资产阶级民主主义者和社会主义者。其领袖人物为赖德律-洛兰、费·皮阿等人。以路易·勃朗为首的小资产阶级社会主义者也参加了这一派。他们自称是 1793—1795 年法国国民公会中的山岳党思想的继承人。1849 年 2 月后该派又称新山岳党。——8、32、40、57、70、82。

7　特别警察指英国的特别巡警,是由平民组成的警察后备队,他们曾帮助正规警察驱散 1848 年 4 月 10 日的宪章派示威游行队伍。路易·波拿巴流亡伦敦期间曾自愿充当特别警察。伦敦的特别警察代替小军士,指路易·波拿巴代替拿破仑第一。——8、28。

8　1800 年 6 月 14 日,拿破仑的军队经圣伯纳德山口翻越阿尔卑斯山,在意大利北部的马伦戈击溃奥地利将军梅拉斯的军队,这一决定性胜利最后导致英、俄、奥等国反法同盟的解体。——9。

9　指 1851 年 12 月至 1852 年 1 月间由于路易·波拿巴要求瑞士当局引渡

法国共和派流亡者而发生的法国和瑞士两国之间的冲突。——9。

10　圣安德烈大十字勋章是沙皇俄国的最高勋章。马克思在这里显然是指路易·波拿巴需要得到俄国皇帝尼古拉一世的承认。——9。

11　《国民报》(National-Zeitung)是德国的一家日报,1848 年 4 月 1 日—1915 年在柏林出版。19 世纪 50 年代该报具有自由主义倾向,后为民族自由党的机关报。1866 年以后该报支持俾斯麦的政策,1870—1871 年曾号召兼并法国领土,主张武力镇压巴黎公社。——9。

12　使徒保罗是圣经中的人物,原名扫罗,是虔诚的犹太教徒。据《新约全书·使徒行传》记载,当他前往大马士革追捕基督教徒时,忽被强光照射,耶稣在光中显现,嘱他停止迫害基督徒。他从此转信耶稣基督,后来成为耶稣直接挑选的使徒,被派往各地传教,改名保罗。《新约全书》中的保罗书信传说为他所写,其主要思想成为基督教教义和神学的重要依据之一。——9。

13　哈巴谷是圣经中 12 个所谓小先知之一。他以其诗一般热情的话语为人们所称道。约·洛克是 17 世纪英国资产阶级革命后出现的哲学家和经济学家,他处事注重实际而缺少诗意,只相信人的理智。在这里马克思把哈巴谷当做洛克的对立面。——10。

14　1848 年 12 月 10 日,路易·波拿巴经大选成为法兰西共和国总统。——11。

15　"埃及的肉锅"一词源于圣经传说:被奴役的以色列人逃离埃及,行至旷野,饥饿难忍,于是开始抱怨摩西,说他不应该带领他们离开埃及,因为他们在埃及虽然世代为奴,但毕竟可以围着肉锅吃饱肚子(参看《旧约全书·出埃及记》第 16 章第 1—3 节)。——11。

16　"这里是罗陀斯,就在这里跳跃吧!"这句话出自伊索寓言《说大话的人》。一个说大话的人自吹在罗陀斯岛上跳得很远很远。别人就用这句话反驳他。

　　"这里有玫瑰花,就在这里跳舞吧!"这句话是从上面那句话演变而来的。罗陀斯在希腊语中既是岛名,又有"玫瑰花"的意思。黑格尔在

《法哲学原理》一书的序言中曾使用这种说法。——13。

17 按照1848年11月4日宪法规定,法兰西共和国总统任期为四年,新总统的选举在5月的第二个星期日举行,即将离任的总统不能参加竞选。1852年5月9日必须要选举新的共和国总统,因为路易·波拿巴的总统任期届满。小资产阶级民主派,特别是流亡者,希望民主党派在这一天能够上台执政。——13、93。

18 锡利亚一词源于希腊文 Chilias,意为一千年的时期。锡利亚教义产生于奴隶制度解体时期,宣传基督复临,在世上建立"千年王国"的宗教神秘主义学说,反映了农民和城市平民的心态。恩格斯把这种信仰称做"锡利亚式狂想"。在基督教早期,这种信仰流传很广,后来经常出现在中世纪各种教派的教义中。

　　千年王国是基督教用语,指世界末日到来之前,基督将再次降临,在人间为王统治一千年,届时魔鬼将暂时被捆锁,福音将传遍世界。此语常被用来象征理想中的公正平等、富裕繁荣的太平盛世。——13、55。

19 "有名无实"原文为"in partibus",出自"in partibus infidelium",直译为"在异教国家中"。天主教主教被任命为异教国家的纯粹有名无实的主教时,头衔上附加这种字样。转义为:在流亡中,在外国,有名无实。——13、45。

20 卡皮托利诺是罗马城中一个设有防御工事的小丘,那里建有尤诺纳神庙。据传说,公元前390年高卢人进犯罗马时,尤诺纳神庙里鹅的叫声惊醒了守卫卡皮托利诺的士兵,从而拯救了罗马城。——13。

21 指19世纪上半叶法国资产阶级的两个保皇党——正统派和奥尔良派。

　　正统派是法国代表大土地贵族和高级僧侣利益的波旁王朝(1589—1792年和1814—1830年)长系的拥护者。1830年波旁王朝第二次被推翻以后,正统派结成政党。在反对以金融贵族和大资产阶级为支柱的当政的奥尔良王朝时,一部分正统派常常抓住社会问题进行蛊惑宣传,标榜自己维护劳动者的利益,使他们不受资产者的剥削。马克思和恩格斯在《共产党宣言》中,把该派代表人物的观点叫做封建的社会主义。在第二帝国时期,正统派得不到人民的支持,只能采取等待时机的策略,出版一些批评性的小册子。他们在 1871 年参加了反革命势力对巴黎公社的镇压以后才开始活跃起来。

奥尔良派是金融贵族和大资产阶级的保皇党,是 1830 年七月革命(见注 25)到 1848 年二月革命(见注 4)这一时期执政的波旁王朝幼系奥尔良公爵的拥护者。奥尔良公爵统治时期在历史上称为奥尔良王朝。

在第二共和国时期(1848—1851 年),这两个保皇集团成为联合起来的保守的"秩序党"的核心。——14、28、35、50、63、77、83。

22 蓝色共和党人指法国资产阶级共和派,因其机关报是《国民报》(见注 32)故又称《国民报》派,亦称三色旗共和派、纯粹的共和派。该派所依靠的是法国工业资产阶级和一部分自由主义知识分子。1848 年革命时期,《国民报》派的领导人进入了临时政府(1848 年 2 月 24 日—5 月 4 日),其中最著名的代表人物有阿·马拉斯特、茹·巴斯蒂德和加尔涅-帕热斯。3 月 5 日以后,加尔涅-帕热斯接替银行家米·古德肖的职务,任临时政府财政部长,后来靠路·欧·卡芬雅克的帮助策划了对巴黎无产阶级的六月大屠杀。

红色共和党人指其他各种民主派和社会主义者。——14、20、28、36、77。

23 非洲的英雄指曾经参加阿尔及利亚殖民战争的法国军官,在法国,人们曾把他们称做"非洲人"或"阿尔及利亚人"。马克思在这里指的是路·欧·卡芬雅克、克·拉莫里谢尔和玛·阿·贝多等将军,他们是国民议会中共和派集团的首领。——14。

24 王朝反对派是七月王朝时期法国众议院中以奥·巴罗为首的议员集团。这个集团代表工商业资产阶级自由派的政治观点,主张实行温和的选举改革,认为这样做能避免革命并维持奥尔良王朝的统治。该派也被称做议会反对派。——15、30、121。

25 七月王朝又称奥尔良王朝,指法国 1830 年七月革命至 1848 年二月革命(见注 4)之间国王路易-菲力浦执政时期。

七月革命即 1830 年 7 月爆发的法国资产阶级革命。1814 年拿破仑第一帝国垮台后,代表大土地贵族利益的波旁王朝复辟,竭力恢复封建专制统治,压制资本主义发展,限制言论自由和新闻出版自由,加剧了资产阶级同贵族地主的矛盾,激起了人民的反抗。1830年7月27—29日巴黎爆发革命,推翻了波旁王朝。金融资产阶级攫取了革命果实,建立了以奥尔良公爵路易-菲力浦为首的代表金融贵族和大资产阶级利益的"七月王朝"。——15、22、34、37、54、82、84、86、104、105。

26　指1848年5月15日巴黎人民的革命行动。这一行动是在进一步推进革命和支持意大利、德国、波兰的革命运动的口号下进行的,参加游行的人数多达15万,其中主要是以奥·布朗基等为首的巴黎工人。游行者向正在讨论波兰问题的制宪议会进发,闯进了波旁王宫的会议大厅,要求议会兑现诺言,向为争取独立而斗争的波兰提供军事援助,采取断然措施消除失业和贫困,给工人以面包和工作,成立劳动部。当这些要求遭到拒绝后,游行者试图驱散制宪议会,成立新的临时政府。5月15日的示威运动遭到镇压。运动的领导者布朗基、巴尔贝斯(他曾提出向富人征收10亿税款)、阿尔伯、拉斯拜尔等人遭逮捕。这次革命行动失败后,临时政府采取了一系列废除国家工场(见注82)的措施,实施了禁止街头集会的法律,查封了许多民主派俱乐部。1849年3月7日—4月3日,当局在布尔日对1848年五月十五日事件的参加者进行了审判。巴尔贝斯被处以无期徒刑,布朗基被处以10年的单独监禁,德弗洛特、索布里埃、拉斯拜尔、阿尔伯等人被判处期限不等的徒刑,有的被流放到殖民地。——16、34、58。

27　指1848年6月巴黎无产阶级的起义。二月革命(见注4)后,无产阶级要求把革命推向前进,资产阶级共和派政府推行反对无产阶级的政策,6月22日颁布了封闭"国家工场"(见注82)的挑衅性法令,激起巴黎工人的强烈反抗。6月23—26日,巴黎工人举行了大规模武装起义。6月25日,镇压起义的让·巴·菲·布雷亚将军在枫丹白露哨兵站被起义者打死,两名起义者后来被判处死刑。经过四天英勇斗争,起义被资产阶级共和派政府残酷镇压下去。马克思论述这次起义时指出:"这是分裂现代社会的两个阶级之间的第一次大规模的战斗。这是保存还是消灭资产阶级制度的斗争。"(见《马克思恩格斯选集》第3版第1卷第467页)——16、20、34、57、103。

28　别动队是根据法国临时政府 1848 年 2 月 25 日命令,为对付革命的人民群众而成立的。这支由 15—20 岁的巴黎流氓无产者组成的队伍曾被利用来镇压巴黎工人的六月起义。当时任陆军部长的路·欧·卡芬雅克将军亲自领导了这次镇压工人的行动。后来,波拿巴主义者将其解散,因为他们担心波拿巴与共和党人发生冲突时,别动队会站在共和党人一边。——16、65。

29　皮·约·蒲鲁东的这一观点是在他批驳资产阶级经济学家弗·巴师夏的一篇论战文章中提出的,这篇文章发表在 1849 年 11 月—1850 年 2 月的《人民之声》报上,1850 年又以单行本形式在巴黎出版,标题是《无息信贷。弗·巴师夏先生和蒲鲁东先生的辩论》。

蒲鲁东式的人民银行是 1849 年 1 月 31 日成立的。他打算借助这个银行通过和平的途径实现他的"社会主义",即消灭信贷利息,在生产者获得自己劳动收入的全部等价物的基础上进行没有货币的交换。这个银行在开始正常业务活动之前就于 4 月初宣告关闭。——17。

30　相传罗马皇帝君士坦丁大帝在 312 年征讨马克森提乌斯时,中午时刻看见天上出现一个光芒四射的十字架,旁边有一行字:"在此标记下你必胜!"有人据此认为君士坦丁大帝从迫害基督教到皈依和保护基督教与这个传说有关。——18。

31　土伊勒里宫是巴黎的一座宫殿,路易十八的皇宫;拿破仑第三的官邸。——19、31、67。

32　《国民报》(Le National)是法国的一家日报,1830 年由阿·梯也尔、弗·奥·玛·米涅和阿·卡雷尔在巴黎创刊,1834—1848 年用《1834 年国民报》(Le National de 1834)的名称出版,40 年代是温和的共和派的机关报,1848—1849 年革命时期聚集在报纸周围的有阿·马拉斯特、路·安·加尔涅-帕热斯和路·欧·卡芬雅克等资产阶级共和党人,1851 年停刊。——20、59。

33　《辩论日报》(Journal des débats)是法国资产阶级报纸《政治和文学辩论日报》(Journal des débats politiques et littéraires)的简称,1789 年在巴黎创刊。七月王朝(见注 25)时期该报为政府的官方报纸,1848—1849 年革命时期支持反革命,1851 年十二月二日政变后为温和的奥尔良反对派的机关报,70—80 年代报纸具有保守主义倾向。——20、99。

34 维也纳条约指在 1814 年 9 月—1815 年 6 月维也纳会议上缔结的旨在恢复各国王朝统治和满足战胜国领土要求的条约和协议。

维也纳会议是欧洲各国(土耳其除外)从 1814 年 9 月至 1815 年 6 月断断续续召开的会议。参加会议的有英、普、俄、奥等反拿破仑战争同盟国的君主和代表,法国复辟的波旁王朝也派代表出席了会议。根据维也纳会议的决定,奥地利获得了意大利的伦巴第和威尼斯等地;普鲁士获得了莱茵河两岸及北部萨克森的土地;瑞典从丹麦获得了挪威;俄国获得了芬兰,并把华沙大公国改名为波兰王国,由沙皇统治;克拉科夫成为俄、普、奥共同保护的共和国;奥地利的尼德兰(比利时)合并于荷兰称为尼德兰王国;德意志组成松散的德意志联邦;瑞士重新恢复中立;英国得到了荷兰的殖民地好望角和锡兰以及法属殖民地马耳他岛。会议的最后决议规定,恢复法国 1792 年的疆界,恢复波旁王朝在法国的统治,并将法国置于列强的严格监督之下;法国不得再侵占欧洲领土。1815 年 9 月关于成立神圣同盟的决议是对维也纳决议的补充。——20。

35 清教徒是基督教新教教徒中的一派,16 世纪中叶产生于英国,原为英国国教会(圣公会)内以加尔文教义为旗帜的新宗派,如长老会、公理会等。清教徒要求"清洗"英国国教内保留的天主教旧制和烦琐仪文,反对王公贵族的骄奢淫逸,提倡"勤俭清洁"的简朴生活,因而得名。16 世纪末,清教徒中开始形成两派,即温和派(长老派)和激进派(独立派)。温和派代表大资产阶级和上层新贵族的利益,主张立宪君主政体。激进派代表中层资产阶级和中小贵族的利益,主张共和政体。——21、81、117。

36 宴会运动指 1847 年 7 月—1848 年 1 月之间法国各种反对派势力利用宴会形式进行的政治斗争。七月王朝(见注 25)末期,王朝反对派(见注 24)联合共和派为促进选举改革,征集请愿书签名,举行了大规模的宴会运动,资产阶级民主派也积极参加了这一运动。在宴会上,各派政治势力的代表人物以发表公开演说,致祝酒词等方式陈述政见,宣传改革。第一次公开的宴会于 1847 年 7 月 9 日在巴黎的红宫舞厅举行,所有支持改革的派别都有代表参加,成分相当复杂。在这次宴会上,资产阶级民主派无论从人数方面还是思想方面都表现出自己极大的优势。宴会运动吸引了社会各个阶层,席卷了法国各个地区,仅 1847 年秋季的两个月内,全法国就举办了 70 次宴会,出席总人数多达 17 000 余人。每次宴会出席者少则数百人,多则千余人。工人代表也组织过自己的宴会。但是,原定于 1848 年 2 月 22 日举行的宴会遭到基佐政府的禁止,因为选举改革的运动给七月王朝带来了威胁。宴会运动为 1848 年资产阶级民主主义的二月革命(见注 4)拉开了序幕。恩格斯针对宴会运动撰写过一系列文章(见《马克思恩格斯全集》中文第 1 版第 4 卷第 381—384、394—402、405—408、423—426、430—437 页)。——21。

37 1848 年 2 月 22 日巴黎爆发革命,2 月 24 日,路易-菲力浦让位给他的孙子巴黎伯爵。因为巴黎伯爵年幼,他的母亲奥尔良公爵夫人打算让法国众议院拥戴她来摄政。但是,国王的退位并没有遏制住革命的进展。在起义人民的压力下,成立了临时政府,并宣布成立共和国。——21。

38 执行委员会是法国制宪议会 1848 年 5 月 10 日为取代辞职的临时政府而建立的法兰西共和国政府。该委员会存在到 1848 年 6 月 24 日路·欧·卡芬雅克上台为止,其成员多半是温和的共和派。赖德律-洛兰是执行委员会中的左翼代表。——21。

39 知善恶树上的苹果也叫禁果。据圣经传说,伊甸园中有一棵果树,人若吃了这树上的果子就会眼睛明亮,知道善恶。上帝怕人们吃此果后能同他一样识别善恶,因而禁止人们摘食。——22。

40 法国国民议会 1848 年 11 月 4 日通过的法兰西共和国宪法于 1848 年 11 月 7 日发表于《总汇通报》(见注 51)第 312 号。马克思 1851 年在《1848 年 11 月 4 日通过的法兰西共和国宪法》一文(见《马克思恩格斯全集》中文第 2 版第 10 卷第 679—695 页)中对该宪法作了专门研究,可与本书第 22—26 页马克思对该宪法的评述相对照。——22。

41 法国 1830 年宪章是七月王朝(见注 25)的根本法。宪章表面上宣布国民拥有自主权并对国王的权力作了某些限制,但是那些反对工人运动和民主运动的官僚警察机构以及苛刻的法律仍然原封未动。——22。

42 指路易·波拿巴的总统府邸爱丽舍宫。"爱丽舍"(Elysée)一词源于希腊语,意为"极乐世界"。——24。

43 "兄弟,要准备牺牲!"是特拉伯天主教修道会修士见面时的问候语。特拉伯修道会成立于1664年,以严格的规章及其成员的禁欲主义生活方式而闻名。——24。

44 近卫军是古罗马帝王或将相拥有的享有特权的武装力量,经常参与内讧,扶助主子登上王位。马克思在这里是指支持路易·波拿巴政变(见注1)的法国部队和军官。——27。

45 指1849年5—7月武装干涉罗马共和国一事。1848年秋,在欧洲革命的影响下,意大利境内重新掀起反对奥地利统治和争取统一的民族解放运动。1848年9月16日,罗马爆发人民起义。1848年11月,庇护九世逃往那不勒斯的要塞加埃塔。在法国政府的支持下,庇护九世于1848年12月4日号召所有天主教国家共同镇压罗马革命者,那不勒斯和奥地利立即响应。1849年2月9日,罗马由全民投票产生的制宪议会废除了教皇的世俗权力并宣布成立共和国,政权集中在以朱·马志尼为首的三执政手中。法国政府于1849年4月派出了由尼·乌迪诺将军率领的所谓意大利远征军。4月27日法军在意大利要塞港口奇维塔韦基亚登陆,4月30日被朱·加里波第领导的罗马共和国军队击退,双方签订了停火协议。6月3日,乌迪诺撕毁协议,再次炮击罗马。法军于1849年7月1日占领罗马城。由于法国、奥地利和那不勒斯的武装干涉,罗马共和国于1849年7月3日被推翻。——27、41、50。

46 1832年路易·波拿巴在图尔高州加入瑞士国籍。——28。

47 秩序党是1848年由法国两个保皇派即正统派和奥尔良派(见注21)联合组成的保守的大资产阶级政党,从1849年到1851年12月2日政变(见注1),该党在第二共和国的立法议会中一直占据领导地位。——29、34、50、63、82。

48 耶稣会是天主教的修会之一,以对抗宗教改革运动为宗旨。耶稣会会士以各种形式渗入社会各阶层进行活动,为达到目的不择手段,在欧洲声誉不佳。——30、53。

49　卡利古拉是罗马皇帝(37—41年),他执政后立即同元老院一起参加近卫军的阅兵式并发表演讲。——31。

50　暗指路易·波拿巴1839年在巴黎出版的《拿破仑观念》一书。书中颂扬拿破仑的政治原则、拿破仑第一的帝国秩序,并把拿破仑写成一个理想人物。——32、53、112。

51　《通报》是法国日报《总汇通报》(Le Moniteur universel)的简称,1789—1901年在巴黎出版。1811年1月1日起用这个名称出版,最初用《国民报,或总汇通报》(Gazette nationale,ou Le Moniteur universel)的名称出版,1799—1814、1816—1868年是政府的官方报纸,1848年2月26日起加副标题《法兰西共和国官方报纸》。1870—1871年巴黎被围困期间,报纸在巴黎和图尔两地同时出版,后在波尔多出版,是甘必大领导的国防政府代表团的正式机关报。——32、63、75、100。

52　议会总务官原是古罗马元老院中的下级官员——财务官和档案官。这里是指在法国国民议会中负责经济、财务和安全保卫事务的委员会。

　　1851年11月6日,保皇党人议会总务官勒夫洛、巴兹和帕纳提出一项议案,要求把调动军队的权力授予议会。阿·梯也尔支持这项议案,波拿巴分子阿·圣阿尔诺表示反对,经过激烈的辩论,这项议案于11月17日被否决。在表决中山岳党(见注6)支持波拿巴派,因为他们认为保皇党人是主要危险。——32、70、98。

53　吉伦特派是18世纪末法国资产阶级革命时期的一个政治集团,代表大工商业资产阶级和在革命时期产生的地主资产阶级的利益。该派的许多领导人在立法议会和国民公会中代表吉伦特省,因此而得名。吉伦特派借口保卫各省实行自治和成立联邦的权利,反对雅各宾政府以及拥护政府的革命群众。——33。

54　雅各宾派是雅各宾俱乐部的成员,18世纪末法国资产阶级革命时期代表下层资产阶级的利益,1793—1794年实行了雅各宾专政,颁布了一系列废除封建所有制、镇压反革命活动和击退外国武装干涉的法令。
——33。

55 1848 年 4 月 16 日巴黎工人在路易·勃朗影响下举行和平示威,向临时政府提出关于"劳动组织"和"消灭人对人的剥削"的请愿书,示威队伍被资产阶级国民自卫军驱散。——34。

56 弗伦特运动又译投石党运动,是 1648—1653 年法国反专制制度的运动。弗伦特(Fronde)原意是一种投石器,曾为当局所禁,违令者应受惩罚;这个词的转义为破坏秩序,反对当局。

弗伦特运动分为两个阶段。第一阶段称为"高等法院弗伦特"(1648—1649 年)。路易十四未成年期间,摄政太后安娜及首相马扎里尼的专横引起国内广大阶层的不满。1648 年 5 月,巴黎高等法院要求监督政府财政,取消各省巡按使,但遭到拒绝。8 月,巴黎市民起义,支持高等法院,迫使王室逃出首都。1649 年 3 月,起义被政府军镇压,高等法院被迫与王室妥协。第二阶段称为"亲王弗伦特"(1650—1653 年)。1650 年 1 月起,以孔代亲王为首的贵族资产阶级在外国军队支持下,利用城乡人民运动,与专制政府抗衡,1653 年被政府军击败。弗伦特运动的失败为路易十四当政后的专制独裁铺平了道路。——35、119。

57 策划 1851 年 12 月 2 日政变(见注 1)的波拿巴统治集团和反革命报刊在 1852 年 5 月总统选举之前用无政府状态、革命阴谋、新的农民起义和侵犯私有财产来恐吓善良的遵纪守法的法国公众。前警察局长罗米厄所写的小册子《1852 年的赤色幽灵》在这一宣传运动中起到了特殊的作用。——35。

58 弗利基亚帽,或红色尖顶帽,是古代弗利基亚(小亚细亚)人的头饰,后来在 18 世纪法国资产阶级革命时期成为雅各宾党人的帽子样式。此后,这种帽子便成了自由的象征。——35。

59 百合花是波旁王朝的标志,奥尔良王朝(见注 25)的标志是紫罗兰。——37、89。

60　托利党是英国的政党,于 17 世纪 70 年代末 80 年代初形成。1679 年,就詹姆斯公爵(后来的詹姆斯二世)是否有权继承王位的问题,议会展开了激烈的争论。拥护詹姆斯继承王位的议员,被敌对的辉格党人讥称为托利(Tory)。托利为爱尔兰语,原意为天主教歹徒。托利党坚持反动的对内政策,维护国家制度中保守和腐朽的体制,反对国内的民主改革,曾与辉格党轮流执政。随着英国资本主义的发展,托利党逐渐失去了先前的政治影响和在议会中的垄断权。1832 年议会改革使资产阶级代表人物进入议会。1846 年废除谷物法,削弱了英国旧土地贵族的经济基础并造成了托利党的分裂。19 世纪 50 年代末 60 年代初,在老托利党的基础上成立了英国保守党。——38。

61　埃姆斯是德国威斯巴登附近的一处疗养地,尚博尔伯爵的经常居住地。1849 年 8 月,在埃姆斯召开了有法国王位追求者尚博尔伯爵出席的正统派(见注 21)代表大会。尚博尔伯爵出身于波旁王朝,是查理十世的孙子,自封为亨利五世。——38。

62　二月革命(见注 4)后,路易-菲力浦从法国出逃,曾住在伦敦附近的一个城堡克莱尔蒙特。这里是指奥尔良派(见注 21)同路易-菲力浦在那里进行的谈判。——38、85。

63　大型政治历史剧的德文原文是 Haupt- und Staatsaktion。这个词原本是指 17 世纪和 18 世纪上半叶德国巡回剧团演出的戏剧。这些戏剧用夸张的、粗俗的和笑剧的方式展现悲剧性历史事件。这个词的引申意义是指重大的政治历史事件。——38、64、85。

64　1849 年 6 月 13 日,小资产阶级政党山岳党(见注 6)在巴黎组织了一次和平示威,抗议法国派兵镇压意大利革命,因为共和国宪法规定,禁止动用军队干涉别国人民的自由。这次示威被军队驱散,它的失败宣告了法国小资产阶级民主主义的破产。6 月 13 日以后,当局开始迫害民主主义者,其中包括外侨,同时许多社会主义报刊遭到查封。

　　1849 年 8 月 10 日,国民议会通过一项法令,将"6 月 13 日暴乱的主谋和从犯"送交"布尔日特别最高法庭"审讯。34 名山岳党议员(其中包括赖德律-洛兰、费·皮阿和维·孔西得朗)被提交法庭审判。

马克思对这一事件作了详细评述,见《马克思恩格斯选集》第 3 版第 1 卷第 471—538 页。——42、44、57、103。

65 议会规则是由国民议会多数派制定的,这项规则限制议员发言自由并赋予议长开除议员和扣发议员津贴的权利。1849 年六月十三日事变后的第 10 天,议会拟订了这项规则的草案(见 1849 年 6 月 25 日巴黎《总汇通报》第 176 号),经过多日讨论,于 1849 年 7 月 6 日通过。

当时国民议会议长是安·杜班。——42。

66 在巴黎 1849 年六月十三日事变的影响下,里昂工人于 6 月 15 日举行了武装起义。这次起义经过八小时的战斗,最终被贝·马尼昂将军指挥的军队所镇压。——42、88。

67 山岳党(见注 6)的宣言载于 1849 年 6 月 13 日的《改革报》、《和平民主日报》以及皮·约·蒲鲁东的《人民报》。——42。

68 使耶利哥城墙应声倒塌的号角声的传说出自圣经典故:以色列统帅约书亚的军队围攻耶利哥城时,约书亚令自己的士兵吹响用羊角制成的号角,并随号角声一齐大声呼喊,从而使久攻不破的城墙应声倒塌(见《旧约全书·约书亚记》第 6 章)。——42。

69 据圣经传说,犹太王大卫是由撒母耳主持涂油仪式而登极的(见《旧约全书·撒母耳记(上)》第 16 章)。这里暗指路易·波拿巴在恢复罗马教皇庇护九世的世俗权力之后,指望在他复辟称帝进入土伊勒里宫(见注 31)时,能得到教皇的支持。——46。

70 奥斯特利茨是现在的斯拉夫科夫的旧称。1805 年 12 月 2 日,拿破仑第一在这里击败了俄奥联军,取得了决定性胜利。——46。

71 所谓教皇的自由主义行动是指罗马教皇庇护九世 1846 年就职时实行大赦,在教皇国开始实行广泛的改革,以及 1848 年 3 月在教皇国实施立宪制并建立某种程度的世俗内阁等做法。

在《路易·波拿巴的雾月十八日》1852 年第一版和 1869 年第二版中,此处都错印成"教皇的非自由主义行动",1885 年出版第三版时更正为"教皇的自由主义行动"。——51。

72　这里涉及废除酒税的法案。制宪议会曾于 1849 年 5 月 19 日通过决定，从 1850 年 1 月 1 日起废除酒税。关于废除酒税的法案于 1849 年 12 月 18 日提交国民议会进行讨论。在废除酒税的决定生效前 10 天，国民议会又通过了恢复这项税收的法律。——53。

73　1850 年 1 月 19 日、2 月 26 日和 3 月 15 日国民议会讨论了教育法，并在 3 月 15 日通过了这项法律。这项废除无神思想的教育法，实际上是把学校置于教士的控制之下。——53。

74　伏尔泰是自然神论者，他对僧侣主义、天主教和专制政体的猛烈抨击曾对他的同时代人产生极大的影响。因此伏尔泰主义特指 18 世纪末期进步的、反宗教的社会政治观点。

　　在马克思和恩格斯的著作里，伏尔泰主义这一概念是指资产阶级在上升时期所持的充满矛盾的思想观点和政治态度。当时，这个阶级一方面从自然神论的立场出发，反对宗教狂热和封建教权主义；另一方面又认为，为了对"贱民"实行统治，宗教的存在是必要的。——53。

75　《卫戍官》是维·雨果的一部描写德国中世纪生活的历史剧。在中世纪的德国，卫戍官是皇帝指派的城堡和地区的统治者。1850 年 5 月 1 日，根据内务大臣的命令成立了立法议会新选举法起草委员会。该委员会的 17 名成员属于奥尔良派和正统派（见注 21），由于贪图权力和立场反动而被称为卫戍官。——58、68、99。

76　指新选举法，即法国 1850 年 5 月 31 日通过的《1849 年 3 月 15 日选举法修正案》。该法案规定，在固定居住地居住三年以上并直接纳税的人才有表决权。此项法案使 300 多万选民丧失了选举权，实际上废除了普选权。——59、60、63。

77　新的新闻出版法于 1850 年 7 月 16 日由立法议会通过。这部法律的有关规定大大提高了报刊出版者应交付的保证金数额，并开始征收印花税，小册子也不例外。新的新闻出版法实际上是取消法国新闻出版自由的又一项反动措施。——59。

78　《新闻报》(La Presse) 是法国的一家日报，1836 年在巴黎创刊。七月王朝(见注 25)时期具有反政府的性质,1848—1849 年是资产阶级共和派的机关报,1851 年十二月二日政变(见注 1)后是反波拿巴派的报纸。1836—1857 年主编是埃·德·日拉丹。——59。

79 十二月十日会是波拿巴派的秘密团体,以纪念其庇护人路易·波拿巴 1848 年 12 月 10 日当选为法兰西共和国总统而得名。该组织成立于 1849 年,主要由堕落分子、政治冒险家、军人等组成。虽然该团体于 1850 年 11 月表面上被解散,但实际上其党羽仍然继续进行波拿巴主义的宣传,并积极参加了 1851 年十二月二日政变。——63、81、97、117。

80 卡宴是法属圭亚那的首府,法国流放政治犯的地方。大批政治犯在这里被折磨致死,故有"不流血的断头台"之称。——64。

81 指七月王朝(见注 25)时期路易·波拿巴企图实行政变的两次武装叛乱。1836 年 10 月 30 日,路易·波拿巴在一些拥护波拿巴主义的军官的帮助下策动了斯特拉斯堡驻防军两个炮兵团的叛变,但几小时后叛乱分子就被解除了武装,路易·波拿巴本人被捕并被流放到美洲,1837 年回到瑞士。因其在举事时是瑞士国民,所以被称为瑞士兀鹰。1840 年 8 月 6 日他利用法国波拿巴主义抬头的机会,和一小撮密谋家一起在布洛涅登陆,企图在当地驻防军队中发动叛乱。这一企图也遭到了完全失败。路易·波拿巴被判处终身监禁,但 1846 年他便逃往英国了。——64。

82 国家工场是 1848 年二月革命(见注 4)后根据法国临时政府的法令仓促建立起来的。国家工场一律采取军事化方式进行生产,对工人实行以工代赈的办法,发给面包卡和军饷。临时政府这样做的目的,一方面是使路易·勃朗关于组织劳动的思想在工人中丧失威信,另一方面是想利用以军事方式组织起来的国家工场的工人来反对革命的无产阶级。但是这个分裂工人阶级的计划没有成功,革命情绪在国家工场中继续高涨,于是政府便采取减少工人人数,将他们派到外省参加公共工程等办法来达到取消国家工场的目的。这些做法引起了巴黎无产阶级的极大愤怒,成了巴黎六月起义的导火线之一。起义者利用国家工场内部已有的军事组织采取行动。起义被镇压后,卡芬雅克政府于 1848 年 7

月 3 日下令解散了国家工场。——65。

83　"来自爱丽舍园的女儿"出自席勒的诗歌《欢乐颂》。在这里,马克思以"爱丽舍园"指路易·波拿巴的官邸爱丽舍宫。参看注 42。——72、94。

84　1848 年在加利福尼亚、1851 年在澳大利亚发现了丰富的金矿,这些发现对欧美各国的经济发展产生了重大影响。欧洲和美洲向这些地方大批移民,掀起了所谓的"黄金热"。——72。

85　这项命令刊载于 1851 年 1 月 2 日巴黎《祖国报》(La Patrie),该报全称为《祖国报。商业、农业、工业、文学、科学和艺术报》(La Patrie. Journal du commerce, de l'agriculture, de l'industrie, de la littérature, des sciences et des arts),是法国的一家日报,1841 年在巴黎创刊,1850 年报纸支持秩序党(见注 47)的保皇派选举联盟,1851 年十二月二日政变(见注 1)后成为波拿巴派的机关报。——74。

86　旧法国高等法院是 18 世纪末资产阶级革命前法国的最高司法机关,许多城市设有这种高等法院。作用最大的是巴黎高等法院,该法院办理国王敕令的登记,并具有所谓谏诤的权力,即对不合习惯和国家法律的敕令提出反对意见的权力。但是高等法院没有实权,因为只要国王亲自出席会议,敕令就一定要作为法律登记下来。法国大革命时期这种高等法院于 1790 年被解散。——76。

87　议会迷德文原文为"parlamentarischer Kretinismus",直译为"议会克汀病"。马克思和恩格斯在 1848—1849 年革命时期首先使用这个术语批评法兰克福国民议会中的小资产阶级民主派领袖,后来他们用这个术语泛指欧洲大陆醉心于议会制度的资产阶级代表人物。——78、99。

88　贝勒岛是比斯开湾的一个岛屿。1849—1857 年是法国囚禁政治犯的地方,1848 年巴黎六月起义(见注 27)的参加者奥·布朗基也被囚禁在这里。——79。

89　马克思在这里套用了罗马帝国时代的希腊作家阿泰纳奥斯(2—3 世纪)的著作《哲人宴》中的一个情节。埃及法老泰俄斯讥笑带兵前来支援他的斯巴达王阿革西拉乌斯身材矮小,他说:"山在分娩,宙斯很吃惊,但山生了个老鼠。"阿革西拉乌斯回答说:"您把我看做老鼠,但是总有一天我会成为狮子的。"——81。

90 《国民议会报》(L'Assemblée nationale)是法国的一家日报,1848—1857年在巴黎出版。该报代表两个保皇派即正统派和奥尔良派(见注21)的观点,支持他们的合并。——85。

91 指复辟时期正统派营垒中策略上的意见分歧。路易十八和让·维莱尔主张谨慎从事,而达尔图尔伯爵(1824年起为国王查理十世)和茹·波林尼雅克却不顾法国局势的变化,主张完全恢复革命前的秩序。

巴黎的土伊勒里宫(见注31)是路易十八的皇宫,马松阁是宫里的建筑之一,复辟时期是达尔图尔伯爵的府邸。——87。

92 《经济学家》的全称为《经济学家。每周商业时报,银行家的报纸,铁路监控:政治文学总汇报》(The Economist. Weekly Commercial Times, Bankers' Gazette, and Railway Monitor:a political, literary, and general newspaper),是英国的一家周刊,1843年由詹·威尔逊在伦敦创办,大工业资产阶级的喉舌。——89。

93 伦敦工业博览会是1851年5—10月举行的第一届世界工商业博览会。——94、99。

94 《国民议会通报》(Le Messager de l'Assemblée)是法国反波拿巴派的日报,1851年2月16日—12月2日在巴黎出版。——96。

95 指波拿巴派的将军阿·圣阿尔诺率军摧毁巴黎街垒的炮击声。1851年12月2日路易·波拿巴政变(见注1)后,巴黎曾爆发了一次共和派起义。起义的领导者是立法议会左翼议员和工人联合会秘密组织的领导人。12月4日夜,在镇压这次起义时,波拿巴派的军队不仅用大炮摧毁了共和派构筑的街垒,还向路旁行人和窗口、阳台上的观望者任意射击。一些资产者的楼房,包括萨兰德鲁兹的房屋也遭到破坏。——100。

96 长期国会指英国资产阶级革命时期长达13年(1640—1653年)没有改

选的一届英国国会。长期国会是英国国王查理一世为筹集政府经费于1640 年 11 月召开的,是英国资产阶级革命期间的立法机构和领导机构。该国会于 1649 年宣布处死国王,成立共和国;1653 年 4 月,奥·克伦威尔建立军事专政后将其解散。——100。

97 1851 年 12 月共和派在巴黎举行了反对路易·波拿巴政变的起义(参看注 95)。外省农民、小城镇手艺人、工人、商人和知识分子等也纷纷起义。反抗波拿巴的运动波及法国东南部、西南部和中部 20 多个省,将近 200 个地区。但是,由于缺乏统一领导,起义很快就被警察和政府军队镇压下去了。

马克思在这里把波拿巴当局对包括农民在内的共和派运动采取的报复措施,同 19 世纪二三十年代德国当局迫害所谓蛊惑者,即德国知识分子反政府运动的参加者的行为作了类比。——111。

98 塞文是法国南部朗格多克省的一个山区,1702—1705 年爆发了农民起义,被称为"卡米扎尔"("穿衬衫的人")起义。由于新教徒遭受迫害而引发的这些起义具有明显的反封建性质。个别地区直到 1715 年还有这类起义发生。——111。

99 旺代是法国西部的一个省。1793 年春季,该省经济落后地区的农民在贵族和教士的唆使和指挥下举行反对法国大革命的暴动,围攻并夺取了共和国军队防守的索米尔城。暴动于 1795 年被平定,但是在 1799 年和以后的年代中,这一地区的农民又多次试图叛乱。旺代因此而成为反革命叛乱策源地的代名词。——111。

100 指正统派(见注 21)首领沙·蒙塔朗贝尔 1850 年 5 月 22 日在一篇演说中要求国民议会议员"同社会主义进行严肃的斗争"。——115。

101 西奈山是阿拉伯半岛上的山脉。据圣经传说,摩西在西奈山上聆受了耶和华的"十诫"(见《旧约全书·出埃及记》第 19—20 章)。——117。

102 康斯坦茨宗教会议(1414—1418 年)是宗教改革运动开始后为巩固天主教已经动摇的地位而召开的。这次会议谴责了宗教改革运动的首领约·威克利夫和扬·胡斯的教理,消除了天主教的分裂状态并推选出新的教会首脑以代替三个争夺教皇位置的人。——117。

103 "真正的社会主义者"原指1844年起在德国知识分子中间传播的所谓德国的或"真正的"社会主义思潮的代表人物。马克思在这里是指大约1850年初出现在法国的所谓社会民主派。

"真正的社会主义"是一种小资产阶级社会主义学说,其代表人物有卡·格律恩、莫·赫斯、海·克利盖等人。"真正的社会主义者"宣扬超阶级的爱、抽象的人性和改良主义思想,拒绝进行政治活动和争取民主的斗争,否认进行资产阶级民主革命的必要性。在19世纪40年代的德国,这种学说成了不断发展的工人运动的障碍,不利于团结民主力量进行反对专制制度和封建秩序的斗争,不利于在革命斗争的基础上形成独立的无产阶级运动。马克思和恩格斯在1845—1848年的许多著作中对"真正的社会主义"进行了不懈的批判,如《德意志意识形态》(见《马克思恩格斯文集》第1卷)、《反克利盖的通告》(见《马克思恩格斯全集》中文第1版第4卷)、《诗歌和散文中的德国社会主义》(同上)、《"真正的社会主义者"》(见《马克思恩格斯全集》中文第1版第3卷)和《共产党宣言》(见《马克思恩格斯选集》第3版第1卷)。——118。

104 加尔都西会是1084年法国人圣布鲁诺创立的天主教隐修院修会之一,因创建于法国加尔都西山中而得名。该会会规以本笃会会规为蓝本,但更严格。修士各居一小室,以便独自专务苦身、默想、诵经;终身严守静默,只能在每周六聚谈一次;在每年的40天封斋期内,仅食面包和清水,有"苦修会"之称。——120。

105 《立宪主义者报》(Le Constitutionnel)是法国资产阶级的日报,其全称为《立宪主义者报。政治和文学汇闻》(Le Constitutionnel. Journal politique, littéraire, universel)。1815—1870年该报用不同名称在巴黎出版,40年代是奥尔良派(见注21)温和的一翼的机关报,1848—1849年革命时期代表以阿·梯也尔为首的反革命资产阶级的观点,1851年十二月二日政变(见注1)后成为波拿巴派的机关报。——120。

106 雅·杜邦·德勒尔在《内部纪事》一文中曾引用弗·基佐的这句话,该文发表在 1850 年 12 月 15 日《流亡者之声》第 8 期。——121。

107 指法国奥尔良公爵菲力浦摄政时期（1715—1723 年）。当时路易十五尚未成年。——121。

108 特里尔的圣衣是保存在特里尔教堂里的天主教圣物，传说是耶稣受刑时脱下的。特里尔的圣衣是朝圣者的崇拜物。——121。

人 名 索 引

A

阿尔塞尼乌斯,圣徒(Arsenius, the Saint 约 354—450)——罗马贵族;基督教圣徒,隐居埃及荒漠。——104。

阿革西拉乌斯(Agesilaus 公元前 444—361)——斯巴达王(公元前 401—361)。——81。

阿基里斯(Achilleus〔Achilles〕)——古希腊神话中围攻特洛伊的一位最勇敢的希腊英雄,荷马的《伊利亚特》中的主要人物,他同希腊军队的领袖亚加米农的争吵和回到自己的营幕去,构成了荷马史诗《伊利亚特》第一章的情节。据传说,阿基里斯出生时被母亲海洋女神西蒂斯握住脚跟倒浸在冥河水中,因此他的身体除没有浸水的脚跟外,不能被任何武器所伤害,后来,他因脚跟,即他身上那个唯一致命的地方中箭而身亡。后人用"阿基里斯之踵"比喻可以致命的地方和最弱的一环。——23、25。

阿莱(阿莱斯),路易·皮埃尔·孔斯坦(Allais〔Alais〕,Louis-Pierre-Constant 约生于 1821 年)——法国警探。——66、70。

昂格勒斯,弗朗索瓦·厄内斯特(Anglès, François-Ernest 1807—1861)——法国地主,第二共和国时期是立法议会议员(1850—1851),秩序党的代表人物。——90。

昂利第二(洛林的),吉斯公爵(Henri II de Lorraine, duc de Guise 1614—1664)——法国弗伦特党领导人。——119。

奥尔良公爵——见路易-菲力浦一世(路易-菲力浦),奥尔良公爵。

奥尔良公爵夫人,埃莱娜·路易莎·伊丽莎白,梅克伦堡-什未林公主
(Orléans, Hélène-Louise-Elisabeth, duchesse d', Prinzessin von Mecklenburg-Schwerin 1814—1858)——法国国王路易-菲力浦的长子斐迪南的遗孀,法国王位追求者巴黎伯爵的母亲。——21、51。

奥尔良王朝——法国王朝(1830—1848)。——29、37、82、83、85、86、104、109、119、120。

奥普尔侯爵,阿尔丰斯·昂利(Hautpoul, Alphonse-Henri, marquis d' 1789—1865)——法国将军,正统主义者,后为波拿巴主义者;第二共和国时期是立法议会议员(1849—1851),陆军部长(1849—1850)。——52、58、66、67、69。

B

巴尔扎克,奥诺雷·德(Balzac, Honoré de 1799—1850)——法国现实主义作家。——120。

巴克科斯(Bacchus)——古希腊神话中的酒神和快乐之神,又称狄奥尼索斯。据传说,他首创用葡萄酿酒,并将种植葡萄和采集蜂蜜的方法传遍四方。祭祀巴克科斯的方式是狂欢暴饮和疯狂舞蹈。——66。

巴拉盖·狄利埃伯爵,阿希尔(Baraguay d'Hilliers, Achille, comte 1795—1878)——法国将军,1854年起为元帅;第二共和国时期是制宪议会和立法议会议员(1848—1851);1851年统率巴黎卫戍部队;1851年十二月二日政变后为波拿巴主义者,曾任驻君士坦丁堡大使(1853—1854),1854年指挥波罗的海的法国远征军;在1859年奥意法战争中任军长;1870年任巴黎武装力量总司令。——75、76、88。

巴黎伯爵——见路易-菲力浦-阿尔伯。

巴罗,卡米耶·亚桑特·奥迪隆(Barrot, Camille-Hyacinthe-Odilon 1791—1873)——法国政治家,七月王朝时期是自由主义的王朝反对派领袖之一;1848年12月—1849年10月任内阁总理,领导各个保皇集团的反革命联盟所支持的内阁;1849年11月内阁辞职后脱离政治活动。——29—32、35、

50—52、62、77、80、87、96。

巴罗什，皮埃尔·茹尔（Baroche，Pierre-Jules 1802—1870）——法国政治活动家和法学家，七月王朝时期是自由主义的王朝反对派领袖之一，第二共和国时期是制宪议会和立法议会议员（1848—1851），秩序党的代表人物，波拿巴主义者；1849年为上诉法院的首席检察官；1851年十二月二日政变以前和以后曾数度入阁。——58、70、75、77、80、81。

巴伊，让·西尔万（Bailly，Jean-Sylvain 1736—1793）——法国天文学家；18世纪末法国资产阶级革命的活动家，资产阶级自由立宪派领袖之一；任巴黎市长期间（1789—1791）曾下令向马尔斯广场上的要求建立共和国的游行示威群众开枪射击（1791），因此在1793年被革命法庭判处死刑。——10。

巴兹，让·狄德埃（Baze，Jean-Didier 1800—1881）——法国律师和政治活动家，奥尔良党人，第二共和国时期是制宪议会和立法议会议员（1848—1851）。——86、100。

保罗（Paulus）——据圣经传说，是基督教使徒之一；在信基督教之前叫扫罗。——9、117。

贝多，玛丽·阿尔丰斯（Bedeau，Marie-Alphonse 1804—1863）——法国将军和政治活动家，温和的资产阶级共和党人；30—40年代曾参加侵占阿尔及利亚；第二共和国时期是制宪议会和立法议会副议长（1848—1851），反对拿破仑第三的政府，1851年十二月二日政变后逃离，1859年回国。——36、76。

贝尔纳（Bernard）——法国上校，镇压1848年巴黎六月起义的军事委员会主席；1851年十二月二日政变后是对反拿破仑第三的共和派的审判的组织者之一。——27。

贝里耶，皮埃尔·安东（Berryer，Pierre-Antoine 1790—1868）——法国律师和政治活动家，七月王朝时期是正统主义反对派领袖，第二共和国时期是制宪议会和立法议会议员（1848—1851）。——39、58、78、85、87、89、93。

贝努瓦·达济伯爵，德尼（Benoist［Benoît］d'Azy，Denis，comte 1796—

1880)——法国政治活动家、金融家和工业家;正统主义者;第二共和国时期是立法议会副议长(1849—1851)。——80、85。

彼得(Petrus)——据圣经传说,是基督教使徒之一,三次不认自己的老师。——117。

彼得·施莱米尔(Peter Schlemihl)——沙米索的中篇小说《彼得·施莱米尔奇遇记》中的主人公,他用自己的影子换来一个神奇的钱袋。——35。

比约,奥古斯特·阿道夫·玛丽(Billault, Auguste-Adolphe-Marie 1805—1863)——法国政治活动家,律师,奥尔良党人,第二共和国时期是制宪议会议员(1848—1849);1851年十二月二日政变后成为波拿巴主义者;曾任内务大臣(1854—1858和1859—1860)。——80。

庇护九世(Pius IX [Pio Nono]世俗名乔万尼·马里亚·马斯塔伊–费雷蒂 Giovanni Maria Mastai-Ferretti 1792—1878)——罗马教皇(1846—1878)。——51。

波顿——见尼克·波顿。

波林尼雅克亲王,茹尔·奥古斯特·阿尔芒·玛丽(Polignac, Jules-Auguste-Armand-Marie, prince de 1780—1847)——法国国务活动家,正统主义者和教权主义者,曾任外交大臣和首相(1829—1830)。——87。

波拿巴——见拿破仑第三。

波拿巴王朝——法国皇朝(1804—1814、1815和1852—1870)。——11、109、111。

波旁王朝——法国王朝(1589—1792、1814—1815和1815—1830)。——28、37、82、83、86、109。

勃朗,路易(Blanc, Louis 1811—1882)——法国小资产阶级社会主义者,新闻工作者和历史学家;1848年临时政府成员和卢森堡宫委员会主席;采取同资产阶级妥协的立场;1848年8月流亡英国,后为伦敦的法国布朗基派流亡者协会的领导人;1871年国民议会议员,反对巴黎公社。——8。

布朗基,路易·奥古斯特(Blanqui,Louis-Auguste 1805—1881)——法国革命家,空想共产主义者,主张通过密谋性组织用暴力夺取政权和建立革命专政;许多秘密社团和密谋活动的组织者,1830年七月革命和1848年二月革命的参加者,秘密的四季社的领导人,1839年五月十二日起义的组织者,同年被判处死刑,后改为无期徒刑;1848—1849年革命时期是法国无产阶级运动的领袖;巴黎1870年十月三十一日起义的领导人,巴黎公社时期被反动派囚禁在凡尔赛,曾缺席当选为公社委员;一生中有36年在狱中度过。——16、105。

布利丹,让(Buridan,Jean 1300前后—1358以后)——法国哲学家,唯名论者;认为意志自由特别是选择自由的问题在逻辑上是不可解决的;据说他讲了一个驴子的故事:一头驴子在两个完全相同的草堆之间,无法进行选择,结果只好饿死。"布利丹的驴子"就成了一句俗语。——98。

布鲁土斯(马可·尤尼乌斯·布鲁土斯)(Marcus Junius Brutus 公元前85—42)——罗马国务活动家,贵族共和派密谋反对凯撒的策划者之一。——10。

布伦坦诺,洛伦茨·彼得·卡尔(Brentano,Lorenz Peter Karl 1813—1891)——德国律师,小资产阶级民主主义者;1848年是法兰克福国民议会议员,属于左派;1849年领导巴登临时政府,巴登-普法尔茨起义失败后流亡瑞士,1850年迁居美国;1878年起为美国国会议员。——8。

布罗伊公爵,阿希尔·沙尔·莱昂斯·维克多(Broglie,Achille-Charles-Léonce-Victor,duc de 1785—1870)——法国政治活动家,奥尔良党人;内阁首相(1835—1836),第二共和国时期是立法议会议员(1849—1851)。——58、87。

D

达拉什,阿尔伯特(Darasz,Albert 1808—1852)——波兰民族解放运动的领导人,1830—1831年起义的参加者,波兰流亡者民主组织的领导成员,伦敦欧洲民主派中央委员会委员。——8。

达摩克利斯(Damokles)——古希腊传说中叙拉古暴君迪奥尼修斯(公元前4

世纪)的宠臣。他常说帝王多福,于是迪奥尼修斯请他赴宴,让他坐在自己的宝座上,并用一根马鬃将一把利剑悬挂在他的头上,让他知道帝王的忧患。后来"达摩克利斯剑"比喻随时都可能出现的灾难。——56。

大利,彼得(Ailly, Pierre d'1350—1420)——法国传教士,神学家,红衣主教(1410年起),康斯坦茨宗教会议的重要人物。——117。

大卫(David)——据圣经传说,大卫幼年时撒母耳曾为其敷油,预许他继承扫罗王位。少年时值以色列王扫罗同非利士人作战,遇勇士歌利亚,军中无人能胜他。大卫自请出战,杀死歌利亚。后大卫继扫罗为以色列王。——46。

丹东,若尔日·雅克(Danton, Georges-Jacques 1759—1794)——法国政治活动家和法学家,18世纪末法国资产阶级革命的活动家,雅各宾派的右翼领袖。——8、9。

德弗洛特——见弗洛特(德弗洛特),保尔·路易·弗朗索瓦·勒奈·德。

德福塞,罗曼·约瑟夫(Desfossés, Romain-Joseph 1798—1864)——法国海军上将,第二共和国时期是立法议会议员(1849—1851),1849年11月—1851年1月任海军部长。——73、75。

德穆兰,吕西·西姆普利斯·卡米耶·贝努瓦(Desmoulins, Lucie-Simplice-Camille-Benoist 1760—1794)——法国法学家和新闻工作者,18世纪末法国资产阶级革命的活动家,右翼雅各宾党人。——9。

杜班,安德烈·玛丽·让·雅克(Dupin, André-Marie-Jean-Jacques 人称大杜班 Dupin aîné 1783—1865)——法国法学家和政治活动家,奥尔良党人,众议院议长(1832—1839),第二共和国时期是制宪议会议员(1848—1849)和立法议会议长(1849—1851);后为波拿巴主义者。——66、70、71。

杜普拉,帕斯卡尔(Duprat, Pascal 1815—1885)——法国政治活动家和新闻工作者,资产阶级共和党人;第二共和国时期是制宪议会和立法议会议员(1848—1851),反对路易·波拿巴的政府;1871年国民议会议员。——72、73。

杜沙特尔伯爵,沙尔·玛丽·汤讷吉(Duchâter,Charles-Marie-Tanneguy,comte 1803—1867)——法国政治活动家,奥尔良党人,曾任商业大臣(1834—1836)和内务大臣(1839—1840 和 1840—1848 年 2 月)。——86。

E

厄里斯(Eris)——古希腊神话中的不和女神;佩琉斯同忒提斯结婚时,因忘了请厄里斯参加婚礼,她就投下了"不和的金苹果",从而引起了赫拉、雅典娜和阿芙罗狄蒂之间的争执,最后导致了特洛伊战争的爆发。——82。

F

法卢伯爵,弗雷德里克·阿尔弗勒德·皮埃尔(Falloux,Frédéric-Alfred-Pierre, comte de 1811—1886)——法国政治活动家和著作家,正统主义者和教权主义者,1848 年解散国家工场的策划者和镇压巴黎六月起义的鼓吹者,第二共和国时期是制宪议会和立法议会议员(1848—1851),曾任教育和宗教部长(1848—1849)。——35、50、51、87、89。

弗洛特(德弗洛特),保尔·路易·弗朗索瓦·勒奈·德(Flotte[Deflotte], Paul-Louis-François-René de 1817—1860)——法国海军军官,民主主义者和社会主义者,布朗基主义者,巴黎 1848 年五月十五日事件和六月起义的参加者,第二共和国时期是立法议会议员(1850—1851),1860 年参加加里波第向南意大利的进军。——57。

伏尔泰(Voltaire 原名弗朗索瓦·玛丽·阿鲁埃 François-Marie Arouet 1694—1778)——法国自然神论哲学家、历史学家和作家,18 世纪资产阶级启蒙运动的主要代表人物,反对专制制度和天主教。——53。

福迪,莱昂(Faucher,Léon 1803—1854)——法国政治活动家、政论家和经济学家,奥尔良党人,后为波拿巴主义者;第二共和国时期是制宪议会和立法议会议员(1848—1851),内务部长(1848 年 12 月—1849 年 5 月和 1851 年)。——59、80、81、87。

浮士德(Faust)——歌德同名悲剧中的主要人物。——14。

富尔德,阿希尔(Fould,Achille 1800—1867)——法国银行家和政治活动家,奥尔良党人,后为波拿巴主义者;第二共和国时期是制宪议会议员(1848—1849),曾任财政部长(1849—1851),财政大臣(1861—1867),国务大臣和皇廷事务大臣(1852—1860)。——52、73、75、80、81、89。

G

盖尔马尼库斯(盖尤斯·尤利乌斯·凯撒·盖尔马尼库斯)(卡利古拉)(Gaius Julius Caesar Germanicus〔Caligula〕12—41)——罗马皇帝(37—41)。——31。

歌德,约翰·沃尔弗冈·冯(Goethe,Johann Wolfgang von 1749—1832)——德国诗人、作家、思想家和博物学家。——14。

格拉古(盖尤斯·赛姆普罗尼乌斯·格拉古)(Gaius Sempronius Gracchus 公元前 153—121)——古罗马的护民官(公元前 123—122),曾为农民利益进行争取实现土地法的斗争;提比里乌斯·赛姆普罗尼乌斯·格拉古的弟弟。——10。

格拉古(提比里乌斯·赛姆普罗尼乌斯·格拉古)(Tiberius Sempronius Gracchus 公元前 162—133)——古罗马的护民官(公元前 133),曾为农民利益进行争取实现土地法的斗争;盖尤斯·赛姆普罗尼乌斯·格拉古的哥哥。——10。

格朗尼埃·德卡桑尼亚克,贝尔纳·阿道夫(Granier de Cassagnac,Bernard-Adolphe 1806—1880)——法国新闻工作者,1848 年革命前是奥尔良党人,后为波拿巴主义者,第二帝国时期是立法团议员(1852—1870);曾为《立宪主义者报》撰稿,50 年代为《国家报》主编。——120、121。

贡斯当·德勒贝克,昂利·本杰明(Constant de Rebecque,Henri Benjamin 1767—1830)——法国政治活动家、政论家和著作家,资产阶级自由主义的反民主主义流派的代表,法国唯物主义和无神论观点的反对者;曾从事国家法问题的研究。——10。

H

哈巴谷(Habakuk)——圣经中的先知。——10。

哈姆雷特(Hamlet)——莎士比亚同名悲剧和卡·谷兹科的剧作《维滕贝格的哈姆雷特》中的主要人物。——107。

海涅,亨利希(Heine,Heinrich 1797—1856)——德国诗人,革命民主主义运动的先驱,马克思一家的亲密朋友。——19。

黑格尔,乔治·威廉·弗里德里希(Hegel,Georg Wilhelm Friedrich 1770—1831)——德国古典哲学的主要代表。——8。

亨利五世——见尚博尔伯爵,昂利·沙尔·斐迪南·玛丽·迪约多内·达尔图瓦,波尔多公爵(亨利五世)。

亨利六世(Henry VI 1421—1471)——英国国王(1422—1461)。——84。

J

基督——见耶稣基督。

基佐,弗朗索瓦·皮埃尔·吉约姆(Guizot,François-Pierre-Guillaume 1787—1874)——法国政治活动家和历史学家,奥尔良党人;1812年起任巴黎大学历史系教授,七月王朝时期是立宪君主派领袖,历任内务大臣(1832—1836)、教育大臣(1836—1837)、外交大臣(1840—1848)和首相(1847—1848);代表大金融资产阶级的利益。——10、24、86、87、105、106、120。

吉斯公爵——见昂利第二(洛林的),吉斯公爵。

金克尔,约翰·哥特弗里德(Kinkel,Johann Gottfried 1815—1882)——德国诗人、作家和政论家,小资产阶级民主主义者,1849年巴登-普法尔茨起义的参加者,被普鲁士法庭判处无期徒刑,1850年在卡·叔尔茨帮助下越狱逃跑,流亡英国;在伦敦的德国小资产阶级流亡者的领袖,《海尔曼》周报编辑(1859);反对马克思和恩格斯。——8。

K

卡尔利埃,皮埃尔·沙尔·约瑟夫(Carlier,Pierre-Charles-Joseph 1799—1858)——法国警官,巴黎警察局长(1849—1851),波拿巴主义者。——52—53、66、72、97。

卡芬雅克,路易·欧仁(Cavaignac,Louis-Eugène 1802—1857)——法国将军和政治活动家,温和的资产阶级共和党人;30—40 年代曾参加侵占阿尔及利亚,1848 年任阿尔及利亚总督;第二共和国时期是陆军部长(1848 年 5—6月),镇压巴黎六月起义;曾任政府首脑(1848 年 6—12 月);立法议会议员(1849—1851);1851 年十二月二日政变后因反对拿破仑第三的政府而被捕。——21、26—29、36、78、91、100。

卡利古拉——见盖尔马尼库斯(盖尤斯·尤利乌斯·凯撒·盖尔马尼库斯)(卡利古拉)。

卡诺,拉扎尔·伊波利特(Carnot,Lazare-Hippolyte 1801—1888)——法国政治活动家和政论家,温和的资产阶级共和党人,七月王朝时期为众议院议员(左派反对派);第二共和国时期是临时政府教育部长(1848 年 2—7 月),制宪议会和立法议会议员(1848—1851);秩序党的反对者;1851 年十二月二日政变以后成为共和党反对派领袖,反对拿破仑第三的政府。——57。

卡托(小卡托)(马可·波尔齐乌斯·卡托)(Marcus Porcius Cato Minor 公元前 95—46)——罗马护民官,凯撒的反对者。——121。

凯撒(盖尤斯·尤利乌斯·凯撒)(Gaius Julius Gaesar 公元前 100—44)——罗马统帅、国务活动家和著作家。——5、10。

科西迪耶尔,马尔克(Caussidière,Marc 1808—1861)——法国小资产阶级民主主义者,1834 年里昂起义的参加者;七月王朝时期秘密革命团体的组织者之一;第二共和国时期任巴黎警察局长(1848 年 2—5 月),制宪议会议员(1848);因政府准备在布尔日对五月十五日事件的参加者进行审判,于1848 年 8 月逃往英国。——8。

克拉普林斯基(Crapülinski〔Crapulinski〕)——海涅的诗《两个骑士》中的主人公,一个破落的贵族;克拉普林斯基这个姓的法文 crapule 是饕餮、酗酒以及淫棍、败类的意思。马克思用克拉普林斯基来暗指路易·波拿巴。——19。

克勒维尔(Crevel)——巴尔扎克的小说《贝姨》中的人物,是暴发户、贪财者和贪淫好色之徒的典型。——120。

克雷通,尼古拉·约瑟夫(Creton, Nicolas-Joseph 1798—1864)——法国律师和政治活动家,奥尔良党人;第二共和国时期是制宪议会和立法议会议员(1848—1851)。——84。

克伦威尔,奥利弗(Cromwell, Oliver 1599—1658)——英国国务活动家,17世纪英国资产阶级革命时期资产阶级和资产阶级化贵族的领袖;1649年起为爱尔兰军总司令和爱尔兰总督,1653年起为英格兰、苏格兰和爱尔兰的护国公。——10、100。

库辛,维克多(Cousin, Victor 1792—1867)——法国唯心主义哲学家,折中主义者。——10。

L

拉罗什雅克兰侯爵,昂利·奥古斯特·若尔日·杜韦尔日耶(La Rochejaquelein [Larochejaquelin], Henri-Auguste-Georges Du Vergier, marquis de 1805—1867)——法国政治活动家,贵族院议员,正统派领袖,第二共和国时期是制宪议会和立法议会议员(1848—1851),1852年起为第二帝国参议员。——87。

拉马丁,阿尔丰斯(Lamartine, Alphonse 1790—1869)——法国诗人,历史学家和政治活动家,40年代为温和的资产阶级共和派领袖;第二共和国时期任外交部长(1848),临时政府的实际上的首脑。——80。

拉莫里谢尔,克里斯托夫·莱昂·路易·瑞绍·德(Lamoricière, Christophe-Léon-Louis Juchault de 1806—1865)——法国将军和政治活动家,温和的资产阶级共和党人;30—40年代曾参加侵占阿尔及利亚,1848年参与镇压巴黎的六月起义,第二共和国时期任陆军部长(1848年6—12月),制宪议会和立法议会议员(1848—1851);反对拿破仑第三的政府;1851年十二月二日政变后被驱逐出法国,1857年回到法国;1860年曾指挥罗马教皇的军队。——36、100。

拉斯卡斯伯爵,艾曼纽埃尔·奥古斯坦·迪约多内·马兰·约瑟夫(Las Cases, Emmanuel-Augustin-Dieudonné-Marin-Joseph, comte de 1766—1842)——法国军官和历史学家,拿破仑第一的秘书;1815—1816年曾陪同拿破仑第一前往圣赫勒拿岛。——104。

拉托,让·皮埃尔·拉莫特(Rateau,Jean-Pierre Lamotte 1800—1887)——法国律师,波拿巴主义者,第二共和国时期是制宪议会和立法议会议员(1848——1851)。——30。

拉伊特子爵,让·厄内斯特·杜科(La Hitte[Lahitte],Jean-Ernest Ducos,vicomte de 1789—1878)——法国将军,波拿巴主义者,第二共和国时期是立法议会议员(1850—1851)、外交部长和陆军部长(1849—1851)。——57、75。

莱昂伯爵夫人(L.伯爵夫人)(Lehon[Gräfin L.],comtesse de)——比利时驻巴黎公使沙·艾·约·莱昂伯爵的妻子,30—50年代随丈夫住在巴黎,同奥尔良王朝代表人物有联系。——120。

赖德律(赖德律-洛兰),亚历山大·奥古斯特(Ledru[Ledru-Rollin],Alexandre-Auguste 1807—1874)——法国政论家和政治活动家,小资产阶级民主派领袖,《改革报》编辑;第二共和国时期任临时政府内务部长和执行委员会委员(1848),制宪议会和立法议会议员(1848—1849),在议会中领导山岳党;1849年六月十三日示威游行后流亡英国,1869年回到法国。——21、36、41、45。

勒夫洛,阿道夫·艾曼纽埃尔·沙尔(Le Flô[Leflô],Adolphe-Emmanuel-Charles 1804—1887)——法国将军、政治活动家和外交家,保皇党人;秩序党代表人物,第二共和国时期是制宪议会和立法议会议员(1848—1851);1851年十二月二日政变后流亡英国,1859年回到法国;曾任国防政府和梯也尔政府的陆军部长(1870—1871),1871年国民议会议员;曾任驻彼得堡大使(1848—1849和1871—1879)。——32、100。

雷缪扎伯爵,沙尔·弗朗索瓦·玛丽(Rémusat,Charles-François-Marie,comte de 1797—1875)——法国政治活动家、政论家和作家,奥尔良党人,曾任内务大臣(1840);第二共和国时期是制宪议会和立法议会议员(1848—1851),反对拿破仑第三的政府;第三共和国时期任外交部长(1871—1873)。——77。

雷尼奥·德·圣让·丹热利(圣让·丹热利)伯爵,奥古斯特·米歇尔·埃蒂耶纳(Regnault de Saint-Jean d'Angély [St. Jean d'Angély], Auguste-Michel-Étienne, comte de 1794—1870)——法国将军,后为元帅,波拿巴主义者,第二共和国时期是制宪议会和立法议会议员(1848—1851)、陆军部长(1851年1月);第二帝国时期任近卫军指挥官(1854—1869);1855年为克里木法军后备军军长。——75。

理查三世(Richard III 1452—1485)——英国国王(1483—1485);莎士比亚的同名戏剧中的主人公。——84。

卢格,阿尔诺德(Ruge, Arnold 1802—1880)——德国政论家,青年黑格尔分子,《哈雷年鉴》的出版者,《莱茵报》的撰稿人,1842—1843年同马克思一起筹办并出版《德法年鉴》;1844年中起反对马克思,1848年为法兰克福国民议会议员,属于左派,50年代是在英国的德国小资产阶级流亡者领袖之一;1866年后成为民族自由党人。——8。

鲁埃,欧仁(Rouher, Eugène 1814—1884)——法国律师和政治活动家,波拿巴主义者,第二共和国时期是制宪议会和立法议会议员(1848—1849),1849—1852年曾断续地担任司法部长和司法大臣;第二帝国时期任商业、农业和公共工程大臣(1855—1863)、国务大臣(1863—1869)、参议院议长(1869—1870);第二帝国崩溃后逃离法国;70年代为法国波拿巴派的领袖之一。——71、73、75、80。

鲁瓦耶-科拉尔,皮埃尔·保尔(Royer-Collard, Pierre-Paul 1763—1845)——法国政治活动家和哲学家,巴黎大学历史和哲学教授,立宪君主制的拥护者。——10。

路德,马丁(Luther, Martin 1483—1546)——德国神学家,宗教改革运动的活动家,德国新教路德宗的创始人,德国市民等级的思想家,温和派的主要代表;在1525年农民战争时期,站在诸侯方面反对起义农民和城市平民。——9。

路易十四(Louis XIV 1638—1715)——法国国王(1643—1715)。——111。

路易十五(Louis XV 1710—1774)——法国国王(1715—1774)。——121。

路易十八(Louis XVIII 1755—1824)——法国国王(1814—1815 和 1815—1824)。——10。

路易·波拿巴——见拿破仑第三。

路易-菲力浦-阿尔伯,奥尔良公爵,巴黎伯爵(Louis-Philippe-Albert, duc d'Orléans, comte de Paris 1838—1894)——法国国王路易-菲力浦一世之孙,法国王位追求者,称菲力浦七世;1861—1862 年站在北部方面参加美国内战。——85。

路易-菲力浦一世(路易-菲力浦),奥尔良公爵(Louis-Philippe I〔Louis-Philippe〕, duc d'Orléans 1773—1850)——法国国王(1830—1848)。——14、16、20—22、27、30、35、47、50、63、85、86、88、89、104、105、108。

路易-拿破仑——见拿破仑第三。

罗伯斯比尔,马克西米利安·弗朗索瓦·玛丽·伊西多尔·德(Robespierre, Maximilien-François-Marie-Isidore de 1758—1794)——法国资产阶级革命的活动家,雅各宾派的领袖,革命政府的首脑(1793—1794)。——8、9。

洛克,约翰(Locke, John 1632—1704)——英国唯物主义经验论哲学家和经济学家,启蒙思想家,早期资产阶级天赋人权理论的代表。——10。

M

马尔维尔,弗朗索瓦·让·莱昂·德(Maleville, François-Jean-Léon de 1803—1879)——法国政治活动家,奥尔良党人,第二共和国时期是制宪议会和立法议会议员(1848—1851),内务部长(1848 年 12 月下半月),1871 年国民议会议员。——80。

马拉斯特,玛丽·弗朗索瓦·帕斯卡尔·阿尔芒(Marrast, Marie-François-Pascal-Armand 1801—1852)——法国政论家和政治活动家,人权社的领导人,后为温和的资产阶级共和派领袖,《国民报》总编辑;第二共和国时期是临时政府成员和巴黎市长(1848),制宪议会议长(1848—1849)。——10、21、32。

马尼昂,贝尔纳·皮埃尔(Magnan, Bernard-Pierre 1791 — 1865)——法国将
军,后为元帅,波拿巴主义者;30 年代曾参加侵占阿尔及利亚;里昂(1831
和 1849)、利尔和鲁贝(1845)的工人起义及 1848 年巴黎六月起义的镇压
者;第二共和国时期是立法议会议员(1849—1851),1851 年为巴黎卫戍司
令,1851 年十二月二日政变的策划者之一;第二帝国时期是参议员。——
88、97、100。

马赞尼洛(Masaniello 原名托马佐·安尼洛 Tommaso Aniello 1620—1647)——
意大利渔民,1647 年那不勒斯王国反对西班牙统治的人民起义的领袖。
——99。

蒙克,乔治,阿尔比马尔公爵(Monk, George, Duke of Albemarle 1608 —
1669)——英国将军和政治活动家;17 世纪英国资产阶级革命的领袖;初为
王党成员,后来是奥·克伦威尔军队将军;1660 年曾积极主张英国恢复君
主制。——67。

蒙塔朗贝尔伯爵,沙尔·福布斯(Montalembert, Charles Forbes, comte de
1810—1870)——法国政治活动家和政论家,奥尔良党人,第二共和国时期
是制宪议会和立法议会议员(1848—1851),天主教党的领袖;1851 年十二
月二日政变时支持路易·波拿巴,但不久又成为他的反对者;1852 年起为
法兰西学院院士。——77、87、115。

摩莱伯爵,路易·马蒂厄(Molé, Louis-Mathieu, comte 1781—1855)——法国政
治活动家,奥尔良党人,曾任首相(1836—1839),第二共和国时期是制宪议
会和立法议会议员(1848—1851);秩序党领导人。——58、87。

摩西(Moses)——据圣经传说,摩西是先知和立法者,他带领古犹太人摆脱了
埃及的奴役并给他们立下了约法。——90。

莫尔尼公爵,沙尔·奥古斯特·路易·约瑟夫(Morny, Charles-Auguste-Louis-
Joseph, duc de 1811—1865)——法国政治活动家,波拿巴主义者,第二共和
国时期是立法议会议员(1849 —1851),1851 年十二月二日政变的策划者
之一,曾任内务部长(1851 年 12 月—1852 年 1 月),第二帝国时期是立法
团议长(1854—1856 和 1857—1865),驻俄国大使(1856—1857);拿破仑

第三同母异父的弟弟。——120。

莫甘,弗朗索瓦(Mauguin, François 1785—1854)——法国法学家和政治活动家,七月王朝时期是自由主义的王朝反对派领袖;第二共和国时期是制宪议会和立法议会议员(1848—1851)。——69—71。

莫帕,沙勒曼涅·埃米尔·德(Maupas, Charlemagne-Émile de 1818—1888)——法国律师,波拿巴主义者,巴黎警察局长(1851),1851年十二月二日政变的策划者之一,第二帝国时期为警务大臣(1852—1853)。——97。

N

拿破仑第一(拿破仑·波拿巴)(Napoléon I〔Napoléon Bonaparte〕1769—1821)——法国皇帝(1804—1814和1815)。——4、9—11、26、32、53、64、65、67、100、104、107—117、121。

拿破仑第三(路易-拿破仑·波拿巴)(Napoléon III〔Louis-Napoléon Bonaparte〕1808—1873)——法兰西第二共和国总统(1848—1851),法国皇帝(1852—1870),拿破仑第一的侄子。——3、4、8、11、19、20、27—33、35、36、39—42、46—48、50—53、56—59、62—69、71—83、87—93、96—106、108、109、111、112、114—121。

奈伊伯爵,拿破仑·昂利·埃德加(Ney, Napoléon-Henri-Edgar, comte de 1812—1882)——法国将军,波拿巴主义者,路易·波拿巴总统的侍卫官,第二共和国时期是立法议会议员(1850—1851)。——51。

尼克·波顿(Nick Bottom)——莎士比亚的喜剧《仲夏夜之梦》中的人物,织工,愚蠢的小人物的典型。——65。

诺马耶,马克西米利安·若尔日·约瑟夫(Neumayer, Maximilian-Georges-Joseph 1789—1866)——法国将军,秩序党的拥护者,巴黎卫戍司令(1848—1850)。——67。

P

帕略,玛丽·路易·皮埃尔·费利克斯(Parieu, Marie-Louis-Pierre-Félix, Esquirou de 1815—1893)——法国政治活动家,第二共和国时期是教育部长(1849—1851)。——75。

佩尔西尼伯爵,让·吉尔贝·维克多·菲阿兰(Persigny, Jean-Gilbert-Victor-Fialin, comte 1808—1872)——法国政治活动家,波拿巴主义者,第二共和国时期是立法议会议员(1849—1851),1851年十二月二日政变的策划者之一,曾任内务大臣(1852—1854 和 1860—1863),驻伦敦大使(1855—1858 和 1859—1860)。——81、96。

佩罗,本杰明·皮埃尔(Perrot, Benjamin-Pierre 1791—1865)——法国将军,1848年参加镇压巴黎六月起义,1849年为巴黎国民自卫军司令。——76。

皮蒂娅(Pythia)——古希腊德尔斐城阿波罗神殿的女巫。——18。

皮亚,让·皮埃尔(Piat, Jean-Pierre 1774—1862)——法国将军,波拿巴主义者;十二月十日会的组织者和领导人。——64。

蒲鲁东,皮埃尔·约瑟夫(Proudhon, Pierre-Joseph 1809—1865)——法国政论家、经济学家和社会学家,小资产阶级思想家,无政府主义理论的创始人,第二共和国时期是制宪议会议员(1848)。——3、4、45。

普卜利科拉(普卜利乌斯·瓦莱里乌斯·普卜利科拉)(Publius Valerius Poplicola [Publicola]死于公元前503年)——据传说是罗马共和国任期一年的执政官。——10。

R

日拉丹,埃米尔·德(Girardin, Émile de 1806—1881)——法国资产阶级政论家和政治活动家;1836—1866年曾断续地担任《新闻报》编辑,后为《自由报》编辑(1866—1870);1848年革命前反对基佐政府,革命时期是资产阶级共和党人,第二共和国时期是立法议会议员(1850—1851),第二帝国时期为波拿巴主义者。——73。

日拉丹,德尔芬娜·德(Girardin, Delphine de 1804—1855)——法国女作家,埃·德·日拉丹的妻子。——121。

日罗,沙尔·约瑟夫·巴泰勒米(Giraud, Charles-Joseph-Barthélemy 1802—1881)——法国法学家,保皇党人,曾任教育部长(1851)。——97。

茹安维尔亲王,弗朗索瓦·斐迪南·菲力浦·路易·玛丽,奥尔良公爵(Joinville, François-Ferdinand-Philippe-Louis-Marie, duc d'Orléans, prince de 1818—1900)——法国海军上将,40年代曾参加侵占阿尔及利亚,1848年二月革命后流亡英国,1861—1862年站在北部方面参加美国内战;路易-菲力浦一世的儿子。——86、87、96。

S

撒母耳(Samuel)——据圣经传说,是古犹太先知;卡·谷兹科的悲剧《扫罗王》中的主人公。——5、46。

萨兰德鲁兹·德拉莫尔奈,沙尔·让(Sallandrouze de Lamornais, Charles-Jean 1808—1867)——法国工业家,第二共和国时期是制宪议会议员(1848—1849);1851年十二月二日政变时支持路易·波拿巴。——100。

萨伊,让·巴蒂斯特(Say, Jean-Baptiste 1767—1832)——法国资产阶级经济学家,庸俗政治经济学的代表人物,最先系统地阐述辩护性的"生产三要素"论。——10。

扫罗(Saul〔Saulus〕)——见保罗。

瑟西(Circe)——古希腊神话中伊伊亚岛的女巫;她用魔法把奥德赛的同伴变成猪,而把奥德赛留在岛上近一年;瑟西这个名字后来成了诱人的美女的代名词。——104。

沙尔腊斯,让·巴蒂斯特·阿道夫(Charras, Jean-Baptiste-Adolphe 1810—1865)——法国军事家和政治活动家,温和的资产阶级共和党人;曾参加镇压1848年巴黎六月起义;第二共和国时期是制宪议会和立法议会议员(1848—1851),反对路易·波拿巴;1851年十二月二日政变后被驱逐出法国。——4、100。

莎士比亚,威廉(Shakespeare, William 1564—1616)——英国戏剧家和诗人。——65、76、84、107。

尚博尔伯爵,昂利·沙尔·斐迪南·玛丽·迪约多内·达尔图瓦,波尔多公爵（亨利五世）(Chambord,Henri-Charles-Ferdinand-Marie Dieudonné d'Artois,duc de Bordeaux,comte de,Henri V 1820—1883)——法国波旁王室长系的最后代表,查理十世之孙,1830 年七月革命后逃亡国外,法国王位的追求者,称亨利五世。——39、63、85、89。

尚加尔涅,尼古拉·安娜·泰奥杜尔(Changarnier, Nicolas-Anne-Théodule 1793—1877)——法国将军和政治活动家,保皇派;第二共和国时期是制宪议会和立法议会议员(1848—1849),曾参加镇压 1848 年巴黎六月起义;后为巴黎卫戍部队和国民自卫军司令,曾参加驱散巴黎 1849 年六月十三日示威游行,1851 年十二月二日政变后被逮捕并被驱逐出法国,1859 年回到法国;普法战争时期在莱茵军团司令部任职,1871 年国民议会议员。——31、32、35、42、47、66、67、70、71、74—78、81、88、90、96、98、100。

圣阿尔诺,阿尔芒·雅克·阿希尔·勒鲁瓦·德(Saint-Arnaud, Armand-Jacques-Achille-Leroy de 1801—1854)——法国将军,1852 年起为元帅,波拿巴主义者;1836—1851 年曾参加侵占阿尔及利亚,曾任陆军部长和陆军大臣(1851—1854),1851 年十二月二日政变的策划者之一,1854 年任克里木法军总司令。——32。

圣贝夫,皮埃尔·昂利(Sainte-Beuve,Pierre-Henri 1819—1855)——法国厂主和地主,自由贸易的拥护者,秩序党的代表人物;第二共和国时期是制宪议会和立法议会议员(1848—1851)。——90。

圣普里子爵,艾曼纽埃尔·路易·玛丽·德·吉尼亚尔(Saint-Priest, Emmanuel-Louis-Marie de Guignard, vicomte de 1789 — 1881)——法国将军和外交家,正统派的领袖,第二共和国时期是立法议会议员(1849—1851)。——85。

圣让·丹热利——见雷尼奥·德·圣让·丹热利(圣让·丹热利)伯爵,奥古斯特·米歇尔·埃蒂耶纳。

圣茹斯特,安东·路易·莱昂·德(Saint-Just, Antoine-Louis Léon de 1767—1794)——法国资产阶级革命的活动家,雅各宾派的领袖,马·罗伯斯比尔的追随者,1794年被绞死。——9。

施拉姆伯爵,让·保尔·亚当(Schramm, Jean-Paul-Adam, comte de 1789—1884)——法国将军和政治活动家,波拿巴主义者,曾任陆军部长(1850—1851)。——67、73。

施莱米尔——见彼得·施莱米尔。

舒夫特勒和斯皮格尔勃(Schufterle & Spiegelberg)——席勒的悲剧《强盗》中的人物;丧尽天良的打家劫舍、杀人放火的暴徒。——65。

斯皮格尔勃——见舒夫特勒和斯皮格尔勃。

苏,欧仁(Sue, Eugène 原名玛丽·约瑟夫 Marie-Joseph 1804—1857)——法国作家,著有一些小市民的伤感的社会小说;第二共和国时期是立法议会议员(1848—1849)。——59。

T

梯也尔,阿道夫(Thiers, Adolphe 1797—1877)——法国国务活动家和历史学家,奥尔良党人,曾先后任内务大臣、贸易和公共事务大臣(1832—1836)、首相(1836和1840);第二共和国时期是制宪议会和立法议会议员(1848);第三共和国政府首脑(内阁总理)(1871)、总统(1871—1873);镇压巴黎公社的刽子手。——32、39、41、45、58、78、86—88、90、93、96、99、100。

托克维尔,沙尔·亚历克西斯·昂利·莫里斯·克莱雷勒·德(Tocqueville, Charles-Alexis-Henri-Maurice Clérel de 1805—1859)——法国历史学家和政治活动家,正统主义者和立宪君主制的拥护者,第二共和国时期是制宪议会和立法议会议员(1848—1851)、外交部长(1849年6—10月)。——87。

托里尼,皮埃尔·弗朗索瓦·伊丽莎白·勒利永·德(Thorigny, Pierre-François-Elisabeth Leullion de 1798—1869)——法国法学家,波拿巴主义者,1834年审理里昂四月起义者案件;第二共和国时期任内务部长(1851)。——97。

W

瓦伊斯,克劳德·马里乌斯(Vaîsse, Claude-Marius 1799—1864)——法国政治

活动家,波拿巴主义者;曾任内务部长(1851年1—4月)。——79。

韦隆,路易·德西雷(Véron, Louis-Désiré 1798—1867)——法国新闻工作者和政治活动家,1848年前为奥尔良党人,后为波拿巴主义者,《巴黎评论》和《立宪主义者报》的所有人和发行人(1844—1852)。——120。

维埃伊拉(Vieyra)——法国上校,波拿巴主义者;1851年任国民自卫军参谋长;1851年十二月二日政变的参加者。——46。

维达尔,弗朗索瓦(Vidal, François 1814—1872)——法国经济学家;小资产阶级社会主义者,路·勃朗的追随者;1848年卢森堡宫委员会书记,第二共和国时期是立法议会议员(1850—1851)。——57、58。

维莱尔伯爵,让·巴蒂斯特·赛拉芬·约瑟夫(Villéle, Jean-Baptiste-Séraphin-Joseph, comte de 1773—1854)——法国国务活动家,正统主义者,曾任首相(1822—1828)。——87。

魏德迈,约瑟夫(Weydemeyer, Joseph 1818—1866)——德国和美国工人运动活动家、军官、新闻工作者,"真正的"社会主义者(1846—1847),《威斯特伐利亚汽船》编辑;曾参加布鲁塞尔共产主义通讯委员会的活动(1846);共产主义者同盟盟员(在同盟内部一度以"汉斯"的名字通信),德国1848—1849年革命的参加者,《新德意志报》编辑(1849—1850);共产主义者同盟法兰克福区部领导人(1849—1851);1851年流亡美国,站在北部方面参加美国内战;马克思和恩格斯的朋友和战友。——3。

乌迪诺,尼古拉·沙尔·维克多,雷焦公爵(Oudinot, Nicolas-Charles-Victor, duc de Reggio 1791—1863)——法国将军,奥尔良党人,温和的资产阶级共和党人;第二共和国时期是制宪议会和立法议会议员(1848—1851);1849年指挥军队侵犯罗马共和国;曾任巴黎国民自卫军司令,试图组织力量抵抗1851年十二月二日政变,后离开军界。——32、46、51。

X

西蒂斯(Thetis)——古希腊神话中的海洋女神,阿基里斯的母亲。——25。

西门——见彼得。

西斯蒙第,让·沙尔·莱奥纳尔·西蒙德·德(Sismondi,Jean-Charles-Léonard Simonde de 1773—1842)——瑞士经济学家和历史学家,政治经济学中浪漫学派的代表人物。——5。

Y

亚历山大大帝(Alexander the Great 公元前 356—323)——古代著名的统帅,马其顿王(公元前 336—323)。——66。

亚奇斯二世(Agis II 死于公元前 401 年)——斯巴达王(公元前 427—401);阿革西拉乌斯之兄。——81。

雅赫维(耶和华)(Jahve[Jehovah])——犹太教中的主神。——117。

耶和华——见雅赫维。

耶稣基督(基督)(Jesus Christus)——传说中的基督教创始人。——13、55。

伊雍(Yon)——法国警官,第二共和国时期统帅立法议会警卫队(1850)。——66、70、71。

以西结(Ezechiel)——圣经中的先知。——117。

雨果,维克多·玛丽(Hugo,Victor-Marie 1802—1885)——法国作家,资产阶级共和党人,第二共和国时期是制宪议会和立法议会议员(1848—1851),1851 年十二月二日政变后流亡泽西岛;1855 年底被英国当局驱逐出境,1870 年回到法国,1871 年为国民议会议员,1876 年为参议员。——3、4、51。

纪念马克思诞辰 200 周年

《马克思恩格斯著作特辑》
编审委员会

责任编辑：曹　歌

编辑助理：余　雪　高华梓

装帧设计：肖　辉　周方亚

责任校对：吕　勇

图书在版编目（CIP）数据

路易·波拿巴的雾月十八日/马克思著；中共中央马克思恩格斯列宁斯大林著作
　编译局编译. —北京：人民出版社，2018.3（2023.2重印）
（马克思诞辰200周年纪念特辑）
ISBN 978－7－01－018983－3

Ⅰ.①路…　Ⅱ.①马…　②中…　Ⅲ.①马列著作-马克思主义　Ⅳ.①A122

中国版本图书馆 CIP 数据核字（2018）第 035872 号

书　　　名	路易·波拿巴的雾月十八日
	LUYI BONABA DE WUYUE SHIBARI
编 译 者	中共中央马克思恩格斯列宁斯大林著作编译局
出版发行	人民出版社
	（北京市东城区隆福寺街 99 号　邮编 100706）
邮购电话	（010）65250042　65289539
经　　销	新华书店
印　　刷	北京中科印刷有限公司
版　　次	2018 年 3 月第 1 版　2023 年 2 月北京第 2 次印刷
开　　本	787 毫米×1092 毫米 1/16
印　　张	11.5
插　　页	2
字　　数	139 千字
印　　数	20,001－26,000 册
书　　号	ISBN 978－7－01－018983－3
定　　价	31.00 元